한국의 문자 한글

한국의 문자

한글

박 창 원 지음

우리 문화의 뿌리를 찾아서를 펴내며

한국의 전통 문화를 세계화하고자 하는 의도에서 기획된 '우리 문화의 뿌리를 찾아서' 시리즈는 다양한 분야에서 연구한 성과들을 국내외에 소개함으로써 우리 문화의 독특함과 보편성을 알리고 세계 속에서 한국 문화의 위상과 학문적 경쟁력을 높이는 데에 그 목적이 있다.

한글과 영어로 발간되는 이 시리즈는 지나치게 학술적인 경향이나 단순한 안내서의 수준을 지양하고 한국의 전통 문화를 이루는 근간을 다양한 사진 자료를 통해 세부적으로 집중 조명해 봄으로써 우리 문화를 폭넓고 깊이 있게 이해할 수 있도록 하는 데에 그 특징이 있다.

이 시리즈는 또한 현대 문명이 유발한 문제점들을 치유하는 대안이 한국의 전통 문화의 본질 속에 들어 있다는 것을 깨닫게 함으로써 세계인들이 한국 문화의 우수성을 올바로 이해하는 데에 크게 기여할 것이다.

2005년 1월

이화여자대학교출판부

책머리에

모든 존재는 생겨나면서부터 다른 존재와 생존을 위한 경쟁을 해야 하고, 생존하는 동안에는 그 생존 영역 내지는 활동 영역을 넓히기 위해 다른 존재와 처절한 투쟁을 벌여야 한다. 그러한 경쟁이나 투쟁을 하는 동안 다가오는 위기를 극복하지 못하면 생존 영역이 위축되거나 소멸되기 마련이고, 그러한 위기를 제대로 극복하면 그 세력을 널리 떨쳐 융성의 기회를 맞기도 한다.

이러한 기본적인 원리는 한글의 탄생 후 지금까지의 존재사(存在史)에도 그대로 적용될 수 있다.

한글의 위기

한글이 맞은 최초의 위기는 탄생과 관련된 것이었다. 새로운 문자인 한글은 창제 당시부터 분란의 과제였다. 당시 한문을 익혔던 사대부들에게는 문자 생활에서 아무 문제가 없었다. 오히려, 국가적으로는 명나라에 대한 사대주의를 내걸었기 때문에 한문에 의한 문자 생활에 결정적 타격을 줄 수 있고, 명에 대한 사대주의에 흠이 될 수 있는 새로운 문자의 창제는 기성세대에게는 그 가치관을 완전히 뒤엎을 수 있는 위험한 일이었다. 두 번째 위기는 연산군에 의해 발생한다. 연산군은 자신을 비판하는 투서가 언문으로 작성되었다는 이유 때문에 ㉠ 한글 학습 및 사용 금지 ㉡ 한글 해독자 고발 ㉢ 한글 문헌 소각 ㉣ 범인 색출을 위한 한글 필체 대조 등의 조치를 명령하였다. 세 번째 위기는 일제에 의해 빚어진다. 조선(대한제국)을 강제로 점령한 일본은 강점 후반기에 들어오면서 조선어와 조선 민족 말살 정책을 편다. 일본식으로 성을 새로 만들고 이름을 고치고(창씨개명), 조선어(한국어)는 전혀 사용하지 못하게 하는 등 한국어 말살 정책을 펼친 것이다. 일본 제국주의는 지구상 어디에도 그 유례가 없는 타민족에 대한 세뇌 작용, 모국어 사용 금지, 한글 학습 및 사용 금지 조치를 시행하였다.

위기의 극복

최만리 등이 제기한 문제는 '백성을 위한 문자' 라는 명분에 의해 극복된다. 훈민정음을 창제할 당시, 기존의 문자를 사용하고 중국의 문물에 대한 가치관을 보유하고자 하는 최만리 등은 보수주의자에 속하고, 새로운 문자를 만들어 새롭게 문자 생활을 하려고 하는 세종은 혁신주의자에 속한다. 혁신주의가 당시에 승리할 수 있었던 가장 중요한 요인은 세종의 애민정신 때문이다. 세종의 애민정신은 「훈민정음 예의」에 잘 나타나 있는데, '백성들을 편하게 하기 위해 훈민정음을 만들었다'는 이 혁신적인 취지를 어느 누구도 거역할 수 없었던 것이다.

한글 사용을 금지한 연산군의 정책을 넘어 한글이 다시 부활할 수 있었던 것은 한글이 배우기 쉽고 사용하기 쉬워서 한자와 관련된 문자 생활에서조차 필수적이었기 때문이다. 한자 학습서인 『천자문』과 『유합』 등에서는 한자를 배우려면 한글을 먼저 익히게 만들었고, 그 유명한 『훈몽자회』에서도 한자를 익히기 위해서는 한글을 먼저 배울 수밖에 없게 되어 있었다. 쉽게 익혀 쉽게 사용할 수 있는 효용성은 자연스럽게 한글을 일반 대중 속으로 퍼져 나가게 하였다.

마지막 위기는 '민족을 지키기 위한 저항 정신'에 의해 극복되었다. 일본의 침략이 본격화되는 1900년을 전후한 시기에 주시경(周時經)을 중심으로 한글 연구가 확대되었다. 한글 연구자들은 학회를 결성하고, 「한글맞춤법통일안」·「표준어 사정」·「외래어 표기」 등 국어의 제반 규칙을 연구 정리하였다. 이러한 연구 결과는 바로 민족정신을 일깨우고 전파하는 교육 운동으로 이어진다. 이러한 상황에서 1942년 10월부터 일제는 조선 민족 말살 정책을 펴고, 이에 맞선 우리의 선각자들은 우리 말과 글을 지키기 위해 필사의 노력을 다했다. 민족정신을 지키기 위해 목숨을 걸었던 조상들의 애국애족의 정신은 어떤 외세도 굴복시킬 수 없었던 것이다.

세계 속의 한글로 성장

1945년 해방 후 세계 무대에 한국어와 한글이 소개되던 초기에 세계적인 언어학자인 겔브(I. J. Gelb, 1952)는 *A Study of Writing*에서 한글을 매우 특이하고 알 수 없는 문자의 예로 아프리카의 몇몇 문자와 함께 괄호 속에 소개하였다. 그러나 샘슨(G. Sampson, 1985)의 *Writing System*에서는 120쪽에서 144쪽에 이르는 독립된 장에서(제7장) 자질체계문자(A featural system)라는 제목으로 한글을 설명하고 있다. 여기에서 저자는 "한글이라는 문자는 체계적인 내적 구조를 가지고 있고, 한글은 의심할 바 없이 인간이 이룩한 위대한 지적 성취물의 하나로 등재되어야 한다"고 밝혔다.

한글의 우수성과 그 창제자인 세종대왕의 공로가 세계적으로 알려져 유네스코에서는 1990년부터 문맹퇴치에 공헌한 개인이나 단체에게 수여하는 상의 이름을 '세종대왕상'이라고 명명하고 있다. 그리고 1997년에는 훈민정음을 '세계기록유산'으로 지정하여, 우리 민족의 보물을 넘어서서 인류의 재산임과 동시에 미래 세대에 전수되어야 할 가치물로 인정하였다.

이렇게 세계적으로 그 가치를 인정받은 한글은 이제 세계화에 박차를 가하고 있다. 그것을 상징적으로 보여주는 것이 한국어와 한국 문화를 가르치는 교육기관인 세종학당의 확산이다. 세종학당은 2007년 3개국(미국 · 중국 · 몽골) 13개소를 시작으로 2013년 12월 현재 52개국 120개소로 늘어났다. 아시아 · 유럽 · 아메리카 · 오세아니아를 넘어 아프리카까지 지구상 곳곳에 세종학당이 설립되어 있는 것이다. 이러한 열기는 한국어 학습의 확산에서도 알 수 있는데, 중국을 예로 들면 1990년대 초반 한국과 수교할 당시 한국어 교육을 수행하는 대학교가 4개 내지는 5개밖에 되지 않았지만, 2013년 현재 대략 200개 내외의 대학에서 한국어를 가르치고 있다.

한국어와 한글은 수차례의 위기를 극복하고 이제 세계 무대로 힘차게 뻗어 나가고 있는 중이다. 이 책은 이러한 과정을 널리 알리기 위해 쓰여졌다. 시의적절하게 이 책이 나올 수 있도록 기획을 해준 이화여자대학교출판부에 감사드리며, 특히 편집과 교정에 많은 도움을 주신 정경임 님께 감사드린다.

2014년 8월

저자

차례

한국의 문자 한글

제4장 어문 생활의 개혁과 위기

제5장 세계로 뻗어 가는 한글

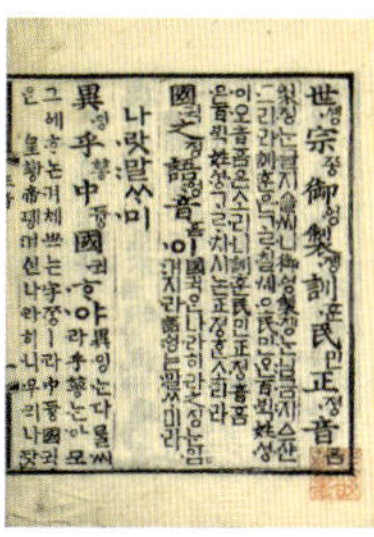

제1장 한글이란?

인류가 지구상에서 만물의 영장으로서의 구실을 하게 된 것은 세 가지 요인에 의해서다. 첫째, 인류는 두 발로 설 수 있고 두 손으로 도구를 만들 수 있기 때문에 문명을 만들 수 있었다. 그리고 둘째, 불을 사용할 수 있었기 때문에 가공적인 생산을 할 수 있었다. 셋째, 언어를 사용하기 때문에 개인적인 지식을 다른 사람과 공유할 수 있었다. 세 번째의 언어적인 기능을 획기적으로 전환시킨 것이 문자의 발명이다. 인류는 문자를 발명하여 정보와 지식의 저장과 공유를 획기적으로 전환하여 고대 문명을 발전시키게 되는 것이다.

인류의 문자는 선사시대의 그림에서부터 점진적으로 발전하였다. 그리고 한글은 15세기에 한국인이 다른 문자와 관련없이 창조하여 그 원리를 직접 설명하고 있는 지구상의 유일한 문자이다.

1. 한국인이 창조한 문자
2. 인류 문화의 보물

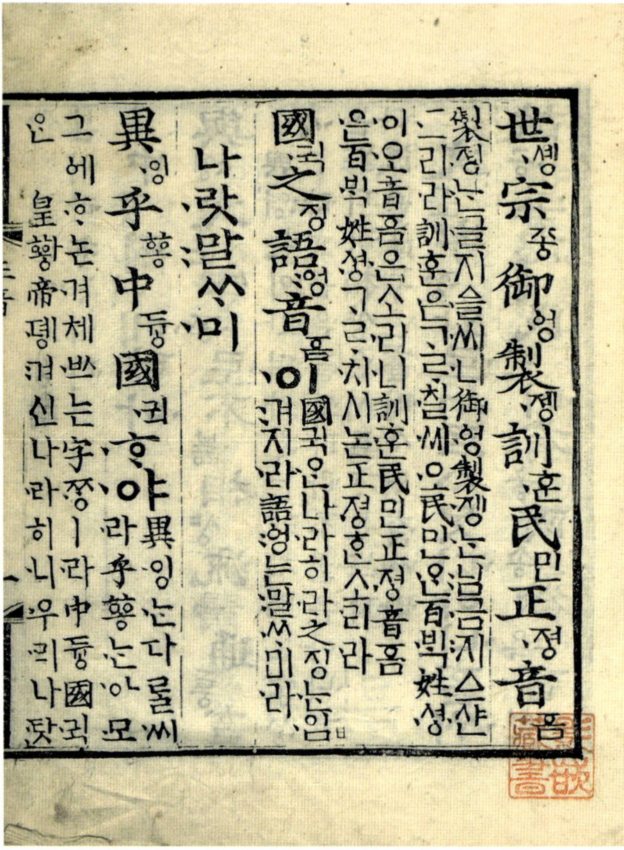
世솅宗종御엉製졩訓훈民민正졍音ᅙᅳᆷ

製졩ᄂᆞᆫ 글 지ᅀᅳᆯ 씨니 御엉製졩ᄂᆞᆫ 님금 지ᅀᅳ샨 그리라 訓훈ᄋᆞᆫ ᄀᆞᄅᆞ칠 씨오 民민ᄋᆞᆫ 百ᄇᆡᆨ姓셩이오 音ᅙᅳᆷᄋᆞᆫ 소리니 訓훈民민正졍音ᅙᅳᆷᄋᆞᆫ 百ᄇᆡᆨ姓셩 ᄀᆞᄅᆞ치시논 正졍ᄒᆞᆫ 소리라

國귁之징語ᅌᅥᆼ音ᅙᅳᆷ이

國귁ᄋᆞᆫ 나라히라 之징ᄂᆞᆫ 입겨지라 語ᅌᅥᆼᄂᆞᆫ 말ᄊᆞ미라

나랏 말ᄊᆞ미

異ᅌᅵᆼ乎ᅘᅩᆼ中듕國귁ᄒᆞ야

異ᅌᅵᆼᄂᆞᆫ 다ᄅᆞᆯ 씨라 乎ᅘᅩᆼᄂᆞᆫ 아모 그ᅌᅦ ᄒᆞ논 겨체 ᄡᅳ는 字ᄍᆞᆼㅣ라 中듕國귁ᄋᆞᆫ 皇황帝뎽 겨신 나라히니 우리 나랏

훈민정음(희방사본) 1568년, 목판본, 범우사 소장

1. 한국인이 창조한 문자

한글은 조선의 제4대 임금 세종이 재위 25년 12월(1444년 1월)에 창조한 문자이다. 당시 조선은 조선어의 특징을 잘 표기할 수 있는 고유한 문자가 없어서 의사 표시를 한문으로 하거나, 한자의 음과 뜻을 이용해서 표기하였다. 그런데 이러한 방식은 한자와 한문을 알아야 변용할 수 있는 것이기 때문에 일반 백성이 활용하기에는 매우 어렵고 불편하였다. 이런 사정을 감안하여 세종대왕은 백성들이 문자 생활을 할 수 있도록 고유한 문자를 창제한 것이다. 새로운 문자를 만들었다는 기록은 『세종실록』(세종 25년 12월조)에 다음과 같이 나온다.

> 是月 上親製諺文二十八字. 其字倣古篆 分爲初中終聲 合之然後 乃成字. 凡于文字及本國俚語 皆可得而書 字雖簡要 轉換無窮. 是爲訓民正音.
>
> 이 달에 임금께서 친히 언문 28자를 만드셨다. 그 글자는 고전과 흡사하다. 초성 · 중성 · 종성으로 나누지만, 이를 합친 연후에 글자가 이루어진다. 무릇 문자에 관한 것과 우리 말에 관한 것은 모두 쓸 수 있고, 글자는 비록 간요하지만 전환하는 것은 무궁하다. 이 문자를 훈민정음이라고 이른다.

『훈민정음』으로 제자의 원리와 과정을 설명하였다

세종은 훈민정음을 만든 후 신하들에게 그 해설서를 쓰게 했는데, 해설서의 이름을 『훈민정음』이라 하여 재위 28년에 반포하였다. 해설서 『훈민정음』은 크게 세 부분으로 나누어졌는데, 훈민정음을 창제한 의의 등을 기술한 「훈민정음 예의」, 제자의 원리와 사용 방법 그리고 실제적인 용례 등을 기술한 「훈민정음 해례」, 훈민정음의 우수성을 기술한 「정인지 서문」이다. 「훈민정음 해례」는 다시 여섯 부분으로 나뉘는데, 제자의 원리를 설명한 '제자해', 초성을 설명해 놓은 '초성해', 중성을 설명해 놓은 '중성해', 종성을 설명해 놓은 '종성해', 이미 만든 문자를 합해서 사용하는 방법을 설명해 놓은 '합자해', 구체적으로 사용되는 글자의 예들을 제시한 '용자례' 등이 그것이다.

문자 훈민정음은 소리의 이치를 밝혀 창제되었다

훈민정음의 제작은 바로 소리의 원리를 밝히는 작업이었고, 소리와 문자의 이치가 동일하다는 것은 「훈민정음 해례」의 앞부분에서도 밝히고 있다.

> 今正音之作 初非智營而力索 但因其聲音而極其理而已. 理旣不二.
>
> 지금 정음을 지음에 있어서는 처음부터 지영(智營)하거나 역색(力索)한 것이 아니라, 소리에 따라 그 이치를 밝혔을 따름이다. (소리와 문자의) 이치는 이미 둘이 아니다.

소리의 이치는 조음기관의 관찰에 의해 밝혀진 결과이다

「훈민정음 해례」에서는 이 문자의 제자 근거 내지는 방법에 대해서 설명하였는데, 제자해의 다음과 같은 기술이 그것이다.

> 正音二十八字 各象其形而制之.
> 정음 28자는 각각 그 모양을 본떠서 만들었다.

훈민정음의 문자 구성은 창제한 글자, 이들을 연서하거나 병서한 글자, 그리고 이들을 합한 글자 등으로 구분되는데, 훈민정음 28자는 그 만든 근거가 모두 상형에 있다는 것이다.

문자는 독창적으로 만들어졌다

그리고 「정인지 서문」에서는 글자를 제자함에 있어서 기본적인 방식이나 원리 등이 모두 새로운 것이라고 기술하였다.

> 正音之作 無所祖述 而成於自然.
> 정음의 지음(창제)은 옛것을 (따르거나) 참조한 바가 없고, 자연에서 이루어진 것이다.

여기서 나오는 '자연'이라는 것은 천지에 존재하고 있는 '자연의 이치'를 말한다. 이 자연의 이치는 모든 만물에 두루 통하는 것이어서, 인간의 소리에도 내재되어 있다. 훈민정음은 바로 그 자연의 원리에 따라 제작되었다는 것이다.

훈민정음을 어떻게 만들었을까 혹은 어떤 원리에 의해 만들었을까 하는 문제와 관련하여 「정인지 서문」에 다음과 같은 구절이 있는데, 여기에서의 '자방고전(字倣古篆)'이라는 문구는 여러 가지 해석을 낳았다.

> 象形而字倣古篆.
>
> 형태를 본떴는데 글자(의 모양)는 옛 전문(篆文)을 본떴다(유사하다).

이에 대해 최만리도 상소문에서 다음과 같이 기술, '자방고전'에 대한 그 나름의 의견을 피력함으로써 훈민정음의 창제가 독창적이었음을 증언하고 있다.

> 儻曰 諺文皆本古字 非新字也 則字形 雖倣古之篆文 用音合字 盡反於古 實無所據.
>
> 혹 말하기를 언문이 모두 옛 글자를 본보기로 하여 새로운 글자가 아니라고 한다면, 글자의 모양이 비록 옛 전문에 근거를 두었다 하더라도, 소리(의 표기)에 사용하고 글자를 합하는 방식 등은 모두 옛것에 반대되어 실로 (옛것에) 근거한 바가 없다.

2. 인류 문화의 보물

인류의 문자는 수천 년의 세월과 함께 단어문자에서 음소문자로 진화하였다. 인류가 다른 생물체와 차별성을 가지면서 인간으로서의 공통성을 확보하게 된 것은 대략 몇백만 년이지만, 문화와 문명을 발달시키면서 공동체 생활을 한 것은 그리 오래되지 않는다. 불과 만 년도 채 되지 않는, 육천 년 내지 칠천 년 전에 문자를 발달시키면서 고대 문명을 이룩했고 획기적인 발전을 하게 되는 것이다. 이 당시 이집트 · 메소포타미아 · 중국 · 인도 등 고대 4대 문명의 발생지에서 사용하던 문자는 공통적으로 상형문자이면서 단어문자였다. 물론 이집트 문자는 특이한 부호로써 음가를 나타내기도 했지만 문자의 기본은 상형문자였다.

이 중 이집트 문자는 당시 문명을 대표하는 지금의 중동 지방에 거주하던 셈족에게 전파되어 발전에 발전을 거듭한다. 셈족의 일파인 페니키아인에 이르러 음절 표현의 자음 음소문자로 발전하고, 이것이 그리스인에게 전파되어 음소문자로 발전한다. 이 문자가 로마인에게 전달되어 서유럽과 미국 · 호주 등 세계 각지에서 사용하고 있는 로마 문자로 발전한다. 또 한편으로는 슬라브인들에게 전달되어 키릴 문자로 발전하여 구소련 지역의 국가들에게 전파된다.

갑골편 국립중앙박물관 소장

중국에서는 진나라 때 진시황에 의해 문자가 통일된 후 여러 가지 서체가 발전하면서 중국인들의 언어를 표기하는 문자로 발전한다. 이 문자는 인근의 종족들에게 전파되어 거란 문자, 여진 문자 등으로 변환되고, 일본에 전해지면서 일본식 음절문자가 만들어진다. 그리고 한국에서는 이를 이두나 구결로 변환시켜 사용하였다.

문자의 역사를 바꾼 문자이다

한글이 창제되던 15세기경에 인류는 여러 가지 문자를 사용하고 있었다. 즉 뜻글자이면서 단어문자인 중국의 한자, 한자를 변형시킨 일본의 음절문자, 소리글자이면서 음소문자인 로마 문자와 키릴 문자, 셈족의 문자가 티벳이나 몽골로 전해져 사용되던 음소문자인 티벳 문자와 몽골 문자, 인도와 동남아 등지로 전해져 발전된 음소문자 등이 그것이다. 이러한 문자의 역사는 단어문자로 출발한다. 5,000~7,000년 전 고대 문명을 일으킨 이집트 · 메소포타미아 · 인도 · 중국 등에서 완성된 문자는 모두 단어문자에 기반을 두었다고 할 수 있다.

이 문자들 중 메소포타미아 문자와 인도 문자는 소멸하고, 중국 문자는 인접 국가에 전해져 변개되어 사용되기도 하지만 본국에서는 여전히 단어문자로 사용되고 있다. 이집트 문자는 인근의 셈족에 전해져 음절문자로 발전한다. 그리고 셈족의 일파인 페니키아 종족이 그리스 종족에게 문자를 전파하여 3,000년쯤 전에 음소문자가 완성되는데, 이 문자가 로마 종족과 슬라브 종족에 전파되어 세계의 여러 지역에서 지금까지 사용되고 있는 것이다.

그리고 지금부터 대략 600년쯤 전에 조선에서 훈민정음을 만들게 되는데, 이는 음소를 발음하는 조음기관들의 모양이나 방식(음소의 자질이라 함)을 관찰하여 문자의 제자에 반영한 것이다. 다시 말하면 음소의 조음 위치나 방식 등 자질이 문자 모양에 반영된 자질문자가 탄생한 것이다. 이는 인류가 만든 문자의 역사를 바꾸는 계기가 된다. '단어문자 ⇒ 음절문자 ⇒ 음소문자'의 단계에 있던 문자의 발달사를 '단어문자 ⇒ 음절문자 ⇒ 음소문자 ⇒ 자질문자'로 변화시키는 창제 행위였던 것이다.

이렇게 한글은 자형으로 음가를 예측할 수 있기 때문에 세계적인 언어학자인 제프리 샘슨(Geoffrey Sampson)은 한글을 자질체계문자(featural system writing)라고 하였다. 유네스코에서는 1989년 문맹퇴치에 애쓴 사람한테 주는 상을 제정했는데, 그 상 이름을 '세종대왕 문맹퇴치상'이라고 명명했다. 그리고 1997년에는 『훈민정음 해례본』을 세계기록문화유산으로 등재하였다.

창제한 원리, 창제한 시기, 창제자가 밝혀져 있는 유일한 문자이다

문자로서의 훈민정음은 세계의 400개가 넘는 글자 가운데 만든 사람과 만든 시기 그리고 만든 원리를 알고 있는 오직 하나뿐인 문자이다. 책으로서의 『훈민정음』은 문자를 만든 취지와 제자의 근거를 설명해 놓은 인류의 유일한 보물이다. 문자의 기원과 제자한 사람에 관한 기록은 많이 있다. 예를 들어 '누가 누구를 시켜 어떤 문자를 언제 만들었다'는 기록은 흔히 볼 수 있지만, 문자를 만든 취지와 원리, 창제 과정을 설명해 놓은 책은 『훈민정음』이 유일하다.

한글의 모음은 점과 선으로, 자음은 세모와 네모 · 원으로 이루어진다

모음은 점과 선(가로선, 세로선)을 기본 조합으로 하여 글자가 이루어지는데 글자의 조합 과정과 그 음가가 평행을 이룬다. 예를 들어 누워 있는 모양이면(ㅗ, ㅜ, ㅚ, ㅟ 등) 원순성을 가지고, 서 있는 모양(ㅓ, ㅏ, ㅔ, ㅐ 등)은 평순성을 가진다. 그리고 점이 둘이면(ㅕ, ㅑ, ㅛ, ㅠ 등) 상향성 이중모음이 되고, 문자의 끝에 'ㅣ'가 있으면(ㅚ, ㅟ, ㅔ, ㅐ 등) 하향성 이중모음이 된다(이들은 나중에 축약하여 단모음으로 변화한다). 자음은 공통되는 모양을 가지고 있으면 조음 위치가 동일하다. 획이 많아 문자가 복잡하면 센소리가 되고, 문자가 간단하면 소리도 약하다. 그래서 문자의 종류와 소리의 종류를 알면 그 모양으로 음가를 예측할 수 있다.(이에 대해서는 56쪽 이하를 참고.)

제2장 훈민정음의 창제

1444년 1월(음력 세종 25년 12월)에 세종은 친히 새로운 문자를 창제하고 이를 '훈민정음(訓民正音)'이라 이름짓는다. 새로운 국가의 통치 기반을 만들어 가는 과정에서 세종은 일반 백성들도 문자 생활을 할 수 있어야 한다는 가치관을 정립한다. 이를 실천하기 위해 우주 만물의 이치를 소리와 문자에 적용하고 이를 응용해 새로운 문자를 만들게 되는 것이다. 세종은 국가 기반을 다지기 위해 새로운 제도를 정비하는 동시에 여러 가지 과학 기구를 만들어 일반 생활에도 응용하고, 국방과 외교에 신경쓰는 등 조선 초기 국가 건설과 민생 안정에 절대적인 기여를 한다.

『훈민정음』은 「예의」, 「해례」, 「정인지 서문」으로 구성되어 있다. 본문에 해당되는 「해례」는 제자해 · 초성해 · 중성해 · 종성해 · 합자해 · 용자례로 구성되었으며, 제자원리와 실제적인 운용을 설명하였다. 「예의」에서는 훈민정음의 창제 배경과 음가 설명을 하였고, 「정인지 서문」에서는 한글의 우수성이 정밀하게 기술되어 있다.

1. 훈민정음 창제의 배경
2. 훈민정음의 창제자 세종대왕
3. 훈민정음의 구성과 내용

세종대왕 태내항아리와 태지석 국립고궁박물관 소장

1. 훈민정음 창제의 배경

세종은 조선시대 왕 가운데 가장 뛰어난 능력을 가졌고 많은 업적을 남겨 우리나라 역사상 가장 성군이었다는 평가를 받는다. 그런데 세종이 위대한 성군이 될 수 있었던 것은 탁월한 능력과 건국 초기의 시대 상황 때문만이 아니라 백성을 사랑하는 마음이 동기화되었기 때문이다. 세종이 여러 가지 정책을 보완하고, 갖가지 분야의 서적을 간행하고, 외적의 침입을 막는 정책을 편 것은 모두 백성을 사랑하고 보호하고 잘 살게 하기 위한 애민정신의 발로였다. 세종의 여러 업적 중 인류사에 길이 남을 한 가지를 선택한다면 그것은 훈민정음 창제가 될 것인데, 훈민정음의 창제도 세종의 애민정신에서 비롯된 것이다.

> 사리를 잘 아는 사람이라 할지라도, 율문에 의거하여 판단을 내린 뒤에야 죄의 경중을 알게 되거늘, 하물며 어리석은 백성이야 어찌 자신이 저지른 범죄가 크고 작음을 알아서 스스로 고치겠는가. 비록 백성들로 하여금 다 율문을 알게 할 수는 없을지나, 따로 큰 죄의 조항만이라도 뽑아 적고, 이를 이두문으로 번역하여 민간에게 반포하여 우부우부(愚夫愚婦)들로 하여금 범죄를 피할 줄 알게 하는 것이 어떻겠는가?

이와 같은 세종의 인식은 새로운 문자인 훈민정음의 창제로 이어진다. 창제의 동기에 대해서는 「훈민정음 예의」에서 다음과 같이 언급하고 있다.

> ① 우리나라의 어음이 중국과 달라서 한자로는 서로 소통하기 어렵다(國之語音 異乎中國 與文字 不相流通).
>
> ② 일반 대중은 말하고자 하는 바가 있어도 마침내 (글자로) 그 뜻을 펴지 못하는 사람이 많다(故愚民 有所欲言 而終不得伸其情者 多矣).
>
> ③ 내(세종)가 이를 딱하게 여겨 새로 28자를 만들어 사람마다 쉽게 익히고 날마다 쓰는 데 편하도록 하였다(予 爲此憫然 新制二十八字 欲使人人易習 便於日用耳).

이러한 의식을 가진 세종은 인류 역사상 가장 훌륭한 문자를 창제하게 된다. 당시에 우리 조상들은 한자를 빌어 우리말을 표기하고 있었다. 단어문자인 한자를 음소문자처럼 사용하는 차자(借字)[1]의 방식은 대단히 불완전한 것이어서 우리말을 표기하는 수단으로서 제 기능을 수행하지 못했다.

이러한 사정과 당시 조선의 주변에 있던 민족들(예를 들어 몽고족은 인근 종족의 문자를 변개시켜 음소문자를 만들어 사용하였다)의 문자 사용, 음성학과 운서에 대한 지식 등이 15세기에 자질문자[2]인 훈민정음을 탄생시킨 것이다.

---

1) 자기 나라 말을 적는 데 남의 나라 글자를 빌려 씀.

2) 표음문자의 일종으로, 조음 위치와 같은 음운의 자질이 반영된 문자 체계.

한자의 음과 훈을 빌어 고유명사 표기

고유한 문자가 없었던 우리 조상은 주변 종족이 사용하는 한자를 배워, 중국식 문장인 한문으로 문자 생활을 하든가 아니면 한자를 변용하여 국어를 표기하는 생활을 해왔다. 그 방법으로는 한자의 뜻을 빌어 표기하기도 하고 그 음을 빌어 표기하기도 하였는데, 초기에는 혼용되었던 것으로 보인다.

신라 시조로 알려져 있는 '혁거세왕(赫居世王)'을 표기하는 경우 『삼국사기』(권1)에서는 "개향언야 혹작불거내왕언광명이세야(蓋鄕言也 或作弗矩內王言光明理世也)"라고 주를 달았다. 이것은 '광명이세(光明理世)'라는 의미를 가지고 있는 당시의 국어를 표기하기 위해 '혁(赫)'의 뜻을 빌어서 표기하거나 '불(弗)'의 음을 빌어 표기하였다는 것을 보여준다. 그리고 지명의 표기에서 "매홀일운수성(買忽一云水城)"이라고 한 것을 볼 수 있는데 이것은 음을 빌어 표기하는 방법과 훈을 빌어 표기[買忽]하는 방법[水城]을 혼용한 예이다.

한자를 사용하는 불편한 문자 생활

중국어에서는 하나의 글자가 하나의 음절로 발음되고 이것이 하나의 형태소[3]로 되지만, 우리말의 형태소는 하나 이상의 음절로 구성된 경우가 많기 때문에 차용된 글자 수와 우리말의 형태소 사이에는 뚜렷한 형태상의 불일치가 발생하였다. 또한 한자는 여러 가지 뜻을 지니고 있

3) 뜻을 가진 가장 작은 말의 단위.

기 때문에 의미 선택에서 어려움을 겪었다. 그래서 차자를 함에 있어서 좀더 정확하고 우리말다운 표현을 모색하게 되는데, 이 과정에서 몇 가지 특징적인 현상이 나타난다.

즉, 하나의 단어를 표기할 때 뜻을 나타내는 부분을 앞에 두고 음을 표기하는 부분을 뒤에 두는 방식으로 점차 정형화시켰다. 그리고 문법형태소를 보충하여 의미 전달을 명확하게 하고, 좀더 우리말다운 문장이 되게 하였다.

이러한 노력에 의해 차자 표기로써 국어 문장을 더욱 정확하게 표현하게 되는데, 이의 발전 형태는 대체로 두 가지로 나뉜다. 하나는 실질적인 형태소까지 다양한 차자 표기법이 활용되는 것이고, 다른 하나는 문법형태소나 이에 준하는 형태소에 한하여 차자 표기법을 활용하는 것이다. 전자는 향찰문에서, 후자는 이두문에서 볼 수 있다.

향찰

우선 향찰문의 예로 「제망매가」의 한 부분을 보면 다음과 같다.

一等隱枝良出古 去奴隱處毛冬乎丁.
ᄒᆞᄃᆞᆫ 가지라 나고 가논 곳 모ᄃᆞᆯ온뎌.
한 가지에서 나고 가는 곳 모르는구나.

원문과 해독을 비교해서 뜻을 빌어온 경우를 '훈'이라 하고, 음을 빌어온 경우를 '음'이라고 하면, 위의 문장은 '훈+음+음, 훈+음, 훈+음, 훈+음+음, 훈, 음+음+음+음'의 구조로 되어 있음을 알 수 있다. 즉 부분적인 예외가 있기는 하지만, 뜻을 나타내는 부분을 앞에 두고 음을 나타내는 부분을 뒤따르게 하는 표기법으로 정형화된 것이다. 그리고 음을 나타내는 부분은 '等'과 '隱'처럼 형태소나 단어의 뒷부분을 표기하거나 독립된 형태소일 경우에는 '良'이나 '古'처럼 조사나 어미 등을 표기할 때 사용했다.

앞의 예에서 보듯, 향찰문에서는 한자의 음이나 뜻 중 하나만을 빌어 단음절인 국어의 형태소를 표기하거나, 한 형태소의 말음(末音) 음소를 표기하기 위해 '音, 乙, 尸, 叱' 등을 사용하고 있다. 이것은 단어문자인 한자를 차용하여 음절문자(音節文字)[4]식으로 사용하거나 음소문자(音素文字)[5]식으로 사용하였음을 의미한다. 그러므로 이것은 '혁신적 변용'이라고 할 만하다.

이두

향찰문이 운문을 지칭하는 데 사용되고, 이두문이 산문을 지칭하는 데 사용되었지만, 이두문이 실질형태소(實質形態素)[6] 부분에서 한자의 원 뜻과 원 음을 그대로 사용한다는 것을 제외하면, 향찰문과 초기의 이두문은 기본적인 성격에 있어서 거의 동일하다. 이두문의 예를 간단하게 제시하면 다음과 같다.

> 蠶段 陽物是乎等用良 水氣乙 厭却 桑葉叱分 喫破爲遣 飮水不冬. (『양잠경험촬요』)

4) 한 음절이 한 글자로 되어 있어 그 이상 나눌 수 없는 표음문자. 일본의 가나.

5) 표음문자 가운데 음소적 단위의 음을 표기하는 문자. 한글 · 로마자.

6) 구체적인 대상이나 동작, 상태를 표시하는 형태소.

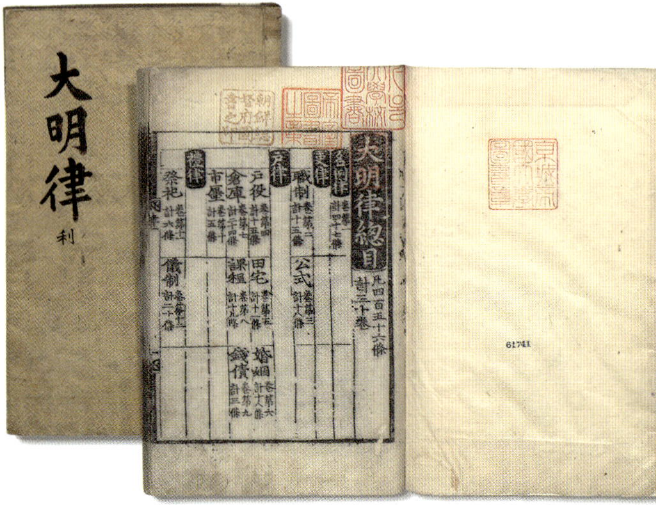

대명률직해(이두문)　규장각한국학연구원 소장

蠶ᄂᆞᆫ陽物이온ᄃᆞᆯᄡᅳ아 水氣ᄅᆞᆯ厭却 桑葉ᄲᅮᆫ喫破ᄒᆞ고 飮水안ᄃᆞᆯ.

누에는 양물이기 때문에 물기를 싫어하고 뽕잎만 먹고 물을 마시지 않는다.

修理爲乎矣失時爲在乙良苔三十齊.(『대명률직해』, 30:1b)

修理ᄒᆞ오되 失時ᄒᆞ견을랑 苔 三十齊.

수리하되, 때를 놓치면 몽둥이가 30대이다.

이두문에서는 향찰문에서와 같은 말음 첨가자를 거의 볼 수 없는데, 이유는 실질형태소의 표기에서는 한자의 음과 뜻을 살려 표기하기 때문이다. 문법형태소를 표기하기 위해 한자를 사용한 방법은 음절문자식으로 사용하고 있으므로, 이두문 역시 '혁신적 변용'에 의해 표기되었다고 할 수 있다.

토 달기

구결(口訣)은 '토(吐)'라고도 한다. 구결의 표기는 한글로 하는 방법과 한자를 차용하는 방법이 있었다. 석독(釋讀) 구결문은 한문의 원문을 변개시키지 않고, 문법 단위의 끝인 본문의 오른쪽이나 왼쪽에 토를 달아 우리말로 새겨 읽은 일종의 변역체 문장이다. 『구역 인왕경(舊譯仁王經)』의 첫 문장을 통해 석독 구결의 표기법을 살펴보기로 한다.

信行乚 具足ソニ㢱 復ソㄱ 有七ナ㢱 五道七 一切衆生リ 、
復ソㄱ 有七ナ㢱 他方七 不矢リㅌ七 可七ソㄱ· 量ノホ、衆、

이 문장은 원문을 그대로 옮기되, 편집상 세로로 배열된 것을 가로로 배열하고, 본문의 왼쪽에 붙어 있는 구결은 위 첨자로, 본문의 오른쪽에 붙어 있는 토는 아래 첨자로 표기한 것이다. 이 문장을 석독 구결의 독법에 따라[7] 다시 배열하면 다음과 같은 우리말 문장이 된다.

信行乚 具足ソニ㢱 復ソㄱ 五道七 一切衆生リ 有七ナ㢱 復ソㄱ 他方七 量ノホ 可七ソㄱ 不矢リㅌ七 衆 有七ナ㢱 (『舊仁』 02: 01-2)

7) 문장을 처음부터 읽어 나가되, 위 첨자가 붙어 있는 부분은 건너뛴다. 다시 앞으로 돌아가라는 '、' 부호가 나오면 위 첨자가 있는 곳으로 가서 읽는다.

신행(信行)을 구족하시며, 또 오도(五道)의 모든 중생이 있으며, 또한 타방(他方)에 헤아릴 수 없이 많은 무리가 있으며

여기에 나타나는 차자 중 앞에 나오는 몇 자만을 간단하게 설명하면 다음과 같다. ㄴ는 '乙'을 간략하게 한 것으로 목적격조사 '을/ᄅᆞᆯ'을 표기하기 위해 사용하였다. 그리고 ソ는 '爲'의 시작 부분에서 따온 것으로 동사 어간 'ᄒᆞ-'를 표기하는 것이고, ニ는 '示'의 머리 부분을 따온 것으로 '시'를 표기하기 위한 것이다. ㄋ는 '旀'의 약체자(略體字)로 '며'를 표기하기 위한 것이다. 이렇게 사용된 구결의 약체자는 대략 70여 종이 된다.

이러한 글자들은 대개 자주 쓰이는 동사 어간이나 조사나 어미 등 문법형태소를 표기하기 위해 한자의 획을 줄여 새 문자를 창조한 것이다. 즉, 단어문자를 음절을 표기하기 위한 문자로 변용한 것이기 때문에 문자의 단계를 달리하는 것으로 볼 수 있다. 구결문의 이러한 변용 역시 앞에서 제시한 대로 '혁신적 변용'이라 할 수 있다.

차자 표기는 너무 어렵고 불완전했다

훈민정음을 창제할 수 있게 된 기본적인 지식은 발화되는 음을 초성과 중성 그리고 종성으로 분리하는 인식이다. 이러한 인식은 한자를 빌어 표기한 기존의 차자 표기법에서 찾아볼 수 있다. 삼국시대 이래 한자를 빌어 우리말을 표기할 때에는 그 차자 표기로써 다양한 방법이 고안되었다. 그러나 중국어와 한국어의 음운체계가 서로 다르기 때문에, 중국어에 없는 한국어 음운체계를 표현할 방법이 없었다. 그러므

로 한국어의 음운체계가 완전하게 반영될 수 없고 이로 인해 의사소통에 불편을 겪을 수밖에 없었다.

예를 들어 고대 한국어의 음소인 '·'에 대응되는 중국어 음소가 존재하지 않는다면 '·'를 중국어로 나타낼 수 없기 때문에 음운상의 혼돈을 피할 수 없다. 그리고 한국어의 음절 구조, 즉 초성 자음과 중성 모음의 결합이나 중성 모음과 종성 자음의 결합 등이 중국어와는 다르기 때문에 차자 표기로는 제대로 표현할 수 없는 것이다.

또한 한국어에는 존재하지만 중국어에 존재하지 않는 문법형태소들, 특히 격조사 · 선어말어미(先語末語尾) 등을 비롯하여 많은 어말어미 등은 음차(音借)[8], 훈차(訓借)[9], 음독(音讀)[10], 훈독(訓讀)[11]등 여러 가지의 방법으로 이를 표기하게 되는데 그로 인한 불편이 이루 말할 수 없었다.

이러한 사정은 정인지의 서문에 잘 나타나 있다.

> ………
>
> 蓋外國之語 有其聲而無其字. 假中國之字以通其用 是猶 鑿之也. 豈能達而無乎.
>
> 대개 (중국 이외의) 외국어는 각자의 소리가 있으나, 그 음을 기록할 문자가 없어서 중국의 글자를 빌어 그 쓰임에 통용하고 있다. 그러나 이것은 마치 둥근 구멍에 모난 자루를 낀 것과 같이 서로 어긋나는 일인

8) 차자 표기에서, 한자의 음을 빌려 우리말을 표기하는 일.
9) 차자 표기에서, 한자의 뜻을 빌려 우리말을 표기하는 일.
10) 한자를 음으로 읽음.
11) 한자의 뜻을 새겨서 읽음.

데 어찌 능히 통달할 수 있으며 또한 막힘이 없겠는가!

………

昔新羅薛聰 始作吏讀 官府民間 至今行之. 然皆假字而用 或澁或窒. 非但鄙陋無稽而已 至於言語之間 則不能達其萬一焉.

옛날에 신라의 설총이 이두를 시작하여 관부나 민간에서 지금까지 사용하고 있다. 그러나 이것은 모두 한자를 빌어 사용하는 것이어서 혹은 껄끄럽고 혹은 막히고, 몹시 속되고 근거가 일정하지 않다. (우리의) 언어를 표현하는 데에 이르러서는 그 만분의 일도 통달치 못하는 것이다.

이같이 문자가 있으되 본래 우리 문자가 아니고, 변용하여 사용하지만 우리말 표기에는 적당하지 않았기 때문에, 우리말을 제대로 표기하기 위해서는 새로운 문자를 만들 필요가 대두됐던 것이다.

중국의 운학과 주변 국가의 문자 생활

중국의 운학(韻學)과 성리학

세종이 집권하던 시기는 중국의 원나라가 망하고 명나라가 기반을 닦기 시작하던 때였다. 원나라 시기의 중국 음을 반영한 것이 『중원음운』(1324년 완성)과 『고금운회』, 『고금운회거요』이고, 명나라 초기에 간행된 것이 『홍무정운』(1375년 완성)인데 이 운서(韻書)들은 내용상 큰 차이가 있었다. 중국의 정세 변화에 맞추어 세종은 조선의 한자 음을 정리할 필요성을 느끼게 되는데, 그 결과물이 『동국정운』(1447년 완성 1448년 보급)이다.

『동국정운』을 간행하기 전에 세종은 신하들에게 명하여 운회를 번역

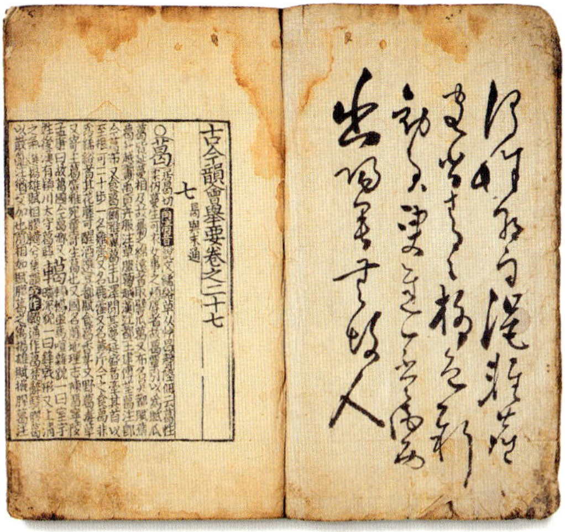

고금운회거요 1434년, 국립중앙박물관 소장

하게 하고, 신숙주와 성삼문 등을 요동반도의 황찬에게 보냈다. 그 목적은 운서를 익히기 위한 것이었다. 이러한 일련의 작업은 해례본 『훈민정음』을 만들기 위한 것인데, 이미 만들어진 문자 '훈민정음'을 성리학적으로 좀더 체계화시키기 위해서였다.

이에 앞서 세종은 중국에서 간행된 여러 종류의 운서를 연구했을 것으로 추정된다. 중국의 운서 중 세종의 훈민정음 창제에 큰 영향을 미쳤을 것으로 보이는 책은 수당 시대의 『절운(切韻)』[12]이나 『광운(廣韻)』[13] 등의 운을 중국어의 음절 독음으로 분류해 놓은 「등운도(等韻圖)」이

12) 수나라때인 601년에 육법언(陸法言)이 편찬한 운서.

13) 송나라때에 편찬한 운서.

다. 「등운도」는 “중국어의 어음 체계를 종횡으로 배열하여 음의 발음이나 분석을 편리하게 만든 성운결합표이다.”

여기에 나타나는 것이 성모(聲母)[14]와 운모(韻母)[15]의 구분 그리고 성조(聲調)의 기술 등인데 이러한 기술은 훈민정음의 창제와 직접 관련이 있다. 이중에서도 훈민정음의 창제에 가장 큰 영향을 미친 것은 성모의 기술이다. 즉, 아 · 설 · 순 · 치 · 후 등으로 조음 위치를 구분하고, 청과 탁으로 조음 방법을 구분한 것은 훈민정음 창제에 그대로 응용되었다.

주변 국가들의 문자 생활

당시 만주 일대에 거주했던 종족들은 몽골족, 만주족, 거란족, 여진족들이었는데, 이들이 사용하던 문자가 훈민정음 창제의 동기 내지는 배경이 되었다는 기록이 신숙주의 문집인 『보한제집(保閑齊集)』에 나와 있다.

> 上 以本國音韻 與華語雖殊 其牙舌脣齒喉淸濁高下 未嘗不與中國同. 列國皆有國音之文 以記國語 獨我國無之 御制諺文字母二十八字.(『保閒齋集』, 권11 부록)
>
> 우리나라의 음운이 중국어와 비록 다르지만 (조음 위치인) 아설순치후, (조음 방식인) 청탁, (운율적 요소인 소리의) 높낮이 등은 중국 음과 다름이 없다. 열국들은 모두 자기 나라 말에 맞는 문자가 있어서 그것으

14) 중국어 음절의 앞부분. 우리나라 말의 초성에 해당하는 부분.

15) 중국어 음절의 뒷부분.

로 각 나라의 국어를 표기하고 있는데, 오직 우리나라만 없기 때문에 임금께서 언문 28자를 만들었다.

당시 각 나라에서 사용하던 문자들은 다음과 같다.

몽골문자: 징기스칸이 원제국을 통일한 뒤 문자 없는 불편을 해소하기 위해서 위구르문자를 바탕으로 한 몽골문자를 만들어 사용하였다. 이것은 현대 몽골문자와 연관된다.

파스파문자: 몽골족이 원제국을 건립한 뒤에 이전에 쓰던 몽골문자의 결함을 보충해서 파스파문자를 창안하였다. 이것은 범어 계통인 티벳 문자를 기초로 한 것으로, 티벳의 고승 파스파가 1269년에 음소문자식으로 만들고 음절문자처럼 쓰도록 한 문자이다.

거란대자: 거란족이 요나라를 건국한 후 10세기 초반에 한자를 변형시켜 대략 3천여 자의 문자를 만들어 사용했는데 이를 거란대자라 한다.

거란소자: 위구르문자를 모방하여 표음적인 문자를 만들어 사용하였는데 이를 거란소자라 한다. 여진족이 금나라를 건국한 후인 12세기 초반에 거란소자에 의거한 표음문자를 만들어 사용하였다.

티벳문자: 티벳의 재상이 고대 인도의 문법학과 파니니 음성학을 공부한 후 티벳어를 표기하기 위한 표음문자를 만들었다. 이 문자는 현재 티벳에서 사용 중이다.

거란 글자가 새겨진 청동거울 고려시대, 국립중앙박물관 소장

음운학적 지식의 구축

음절의 삼분과 자질의 발견

인간이 발성하는 소리의 기본적인 단위는 음절이다. 음절은 하나의 모음으로 이루어질 수도 있지만 기본적으로 초성을 나타내는 자음과 중성을 나타내는 모음 그리고 종성을 나타내는 자음으로 구성된다. 이를 훈민정음 창제자는 정확하게 관찰하여 하나의 음절을 초성과 중성, 종성으로 구분하였다. 그리고 초성과 종성을 나타내는 것은 동일한 소리가 음절의 위치만 달리한다는 것을 파악하여 동일한 모양이 되게 하였다. 중국의 성운학에서는 고립어인 중국어의 운을 나타내기 위해 음절을 이분하였지만, 첨가어인 우리말은 어근에 다른 요소가 첨가하여 초성과 종성의 변화가 많이 일어나기 때문에 이를 관찰한 세종은 초성과 종성을 동일한 모양으로 제자한 것이다.

이러한 음절의 삼분법은 당시 전통적으로 사용해 오던 차자 표기법에서 암시받았을 가능성이 크다. 즉 차자 표기법은 중성만을 표기하기도 하고[오(烏) · 어(於) 등], 종성만을 표기하기도 하고[ㅁ(音) · ㅂ(邑) 등], 초성과 중성을 표기하기도 했기[가(加) · 고(古) 등] 때문에 초성과 중성 그리고 종성을 구분하는 삼분법적인 인식은 차자 표기를 하다 보면 자연스럽게 습득되는 지식이었다.

한글 자모의 모양이 아주 체계적이고 조직적으로 되는 결정적인 이유는 음소의 내재적인 성분으로 존재하는 자질을 발견하고 이를 제자에 그대로 응용했기 때문이다. 자음의 조음 방식에 의한 소리의 음향학적 자질을 세종은 '청, 탁'으로 구분하였다. 그리고 이를 다시 전청(全淸)과 차청(次淸), 그리고 전탁(全濁)과 불청불탁(不淸不濁)으로 구분한다. 소리가 가장 센 소리는 차청이 되는데 이는 각각의 계열에서 가장 복잡한 모양을 하고 있다(ㅋ · ㅌ · ㅍ · ㅊ · ㅎ 등). 전탁자는 소리가 엉기는 것이기 때문에 전청자를 겹쳐서 제자한다(ㄲ · ㄸ · ㅃ · ㅆ · ㅉ 등. ㆅ은 예외).

모음의 자질은 기본적으로 혀의 자질과 입의 자질로 구분되는데, 혀의 자질은 '축(縮)'이고 입의 자질은 '구척(口蹙)'과 '구장(口張)'이다. '축'의 자질은 '불축, 소축, 축'으로 삼분하고, 이들에 기본적인 글자 'ㅣ, ㅡ, ㆍ'를 배당한다. 그리고 '구척'의 자질은 이분되는데 자질을 갖지 않은 것은 기본 모음이고 자질을 가진 글자는 'ㅡ'에 'ㆍ'가 아래위로 붙는다. 그래서 원순모음은 '누워 있는 글자 모양'이 된다. '구장'의 자질은 서 있는 모양의 앞뒤에 'ㆍ'가 결합하여 만들어진다. 그래서 장순모음은 서 있는 모양이 된다.

자음의 조음 위치와 조음 방식 관찰

세종은 인간이 발성할 때 움직이는 조음기관의 모양을 정확하게 관찰하였다. 우선 아래의 조음체가 위의 조음점을 폐쇄하는 위치에 따라 어금니(혀의 뒷부분), 설(혀의 앞부분), 입술, 이, 목구멍 등으로 구분하여 아음(牙音), 설음(舌音), 순음(脣音), 치음(齒音), 후음(喉音)으로 구분하였다. 그리고 조음하는 방식에 따라 소리를 '청탁(淸濁)'으로 구분하여 평음인 'ㄱ, ㄷ, ㅂ, ㅅ, ㅈ'을 전청음이라 하고, 유기음인 'ㅋ, ㅌ, ㅍ, ㅊ' 등을 차청음이라 하고, 된소리인 'ㄲ, ㄸ, ㅃ, ㅆ, ㅉ'을 전탁음이라고 하고, 나머지 소리들 'ㄴ, ㅁ, ㆁ, ㄹ, ㅿ'을 불청불탁음으로 분류하였다.

즉, 자음을 조음 방식과 조음 위치에 따라 분류하고 이를 문자의 제자에 반영한 것이다.

모음의 조음체 관찰

모음은 단모음과 이중모음으로 구분된다. 단모음을 발음하는 것은 입술과 혀이다. 입술을 둥글게 하여 발음하거나(원순모음), 둥글게 하지 않고 발음한다(평순모음). 혀의 작용은 기본적으로 두 가지이다. 혀의 위치가 입술 쪽으로 나오거나 안쪽으로 들어가거나 둘 중의 하나가 되어 전설모음과 비전설모음 혹은 전설모음 · 중설모음 · 후설모음 등으로 구분된다. 그리고 입을 조금 벌려 혀를 입천장 가까이 붙여서 발음하면 고모음, 중간쯤이면 중모음, 입을 많이 벌리고 혀의 위치를 가장 낮추어서 발음하면 저모음으로 분류할 수 있다. 혀의 위치가 아니라 입이 벌어지는 정도로 이름을 붙이면 개모음, 중모음, 폐모음으로 분류할 수도 있다.

모음을 발음할 때 변화하는 이러한 입술의 위치와 혀의 모양 중 혀의 위치에 대해 세종은 다음과 같이 표현하고 있다.

> · 舌縮而聲深 天開於子也, 形之圓 象乎天地.
>
> ·(소리)는 혀가 옴츠러들고 소리는 깊으니, 하늘이 자(子)시에 열린 것과 마찬가지로 · 자가 맨 먼저 생겨났다. 모양이 둥근 것은 하늘을 본뜬 것이다.
>
> ㅡ舌小縮而聲不深不淺 地闢於丑也. 形之平 象乎地也.
>
> ㅡ(소리)는 혀가 조금 옴츠러들고 소리는 깊지도 얕지도 않으니, 땅이 축(丑)시에 열린 것과 마찬가지로 ㅡ자가 두 번째로 생겨났다. 모양이 평평함은 땅을 본뜬 것이다.

ㅣ舌不縮而聲淺 人生於寅也. 形之立 象乎人也.

ㅣ(소리)는 혀가 옴츠러들지 않고 소리가 얕으니 사람이 인(寅)시에 생겨남과 마찬가지로 ㅣ자가 세 번째로 생겨났다. 그 모양이 서 있는 꼴은 사람을 본뜬 것이다.

그리고 입술의 모양에 대해서는 다음과 같이 기술하고 있다.

ㅗ與 · 同而口蹙 其形則 · 與ㅡ合而成 取天地初交之義也.

ㅗ는 ·와 한 종류인데 입을 오므리니 그 모양인즉 ·와 ㅡ가 어울려서 이루어진 것이며, 하늘과 땅이 처음으로 사귀는 뜻을 취한 것이다.

ㅜ與ㅡ同而口蹙 其形則 ㅡ與 · 合而成 亦取天地初交之義也.

ㅜ는 ㅡ와 한 종류인데 입을 오므리니 그 모양인즉 ㅡ와 ·가 어울려서 이루어진 것이며, 역시 하늘과 땅이 처음 사귀는 뜻을 취한 것이다.

ㅏ與 · 同而口張 其形則ㅣ與 · 合而成 取天地之用發於事物待人而成也.

ㅏ는 ·와 한 종류인데 입을 벌리니 그 모양인즉 ㅣ와 ·가 어울려서 이루어진 것이며, 천지의 용(用)이 사물에 나타나되 사람을 기다려서 이루어지는 뜻을 취한 것이다.

ㅓ與ㅡ同而口張 其形則 · 與ㅣ合而成 亦取天地之用發於事物待人而成也.

ㅓ는 ㅡ와 한 종류인데 입을 벌리니 그 모양인즉 ·와 ㅣ가 어울려서 이루어진 것이며, 역시 천지의 용(用)이 사물에 나타나되 사람을 기다려

서 이루어진 뜻을 취한 것이다.

그리고 이중모음에 대해서는 다음과 같이 기술하고 있다.

ㅛ與ㅗ同而起於ㅣ　ㅛ는 ㅗ와 같은데 ㅣ에서 시작하고
ㅑ與ㅏ同而起於ㅣ　ㅑ는 ㅏ와 같은데 ㅣ에서 시작하고
ㅠ與ㅜ同而起於ㅣ　ㅠ는 ㅜ와 같은데 ㅣ에서 시작하고
ㅕ與ㅓ同而起於ㅣ　ㅕ는 ㅜ와 같은데 ㅣ에서 시작한다.

소리의 비례적 관계 포착

세종은 개개의 소리가 독립적인 것으로 존재하는 것이 아니라 다른 소리와의 관계 속에서 존재한다는 것을 관찰하고, 이것을 제자에도 반영하였다. 자음의 경우 소리의 세기는 조음하는 방식에 따라 전청:차청:전청:불청불탁의 관계[16]에 있다는 것을 파악하였다. 그리고 소리의

	불청불탁	전청	차청	전탁
아	(ㆁ)	ㄱ	ㅋ	ㄲ
설	ㄴ	ㄷ	ㅌ	ㄸ
순	ㅁ	ㅂ	ㅍ	ㅃ
치	ㅿ	ㅅ		ㅆ
		ㅈ	ㅊ	ㅉ
후	ㅇ	ㆆ	ㅎ	ㆅ

16) 러시아 언어학자인 니콜라이 트루베츠코이(Nikolai Sergeevich Trubetskoi)에 의하면 이들은 비례적 대립관계를 이룬다.

이러한 관계는 그대로 문자의 모양에 똑같이 반영되었다. 앞의 표를 보면 자음의 특수성 때문에 조금씩 차이는 있지만, 전청보다 더 센 소리는 그 글자에 획을 더하여 차청을 나타내는 글자를 만들었다. 전탁은 전청을 겹쳐서 문자 모양을 만드는데, 이는 소리의 비례적 관계를 문자의 모양에 그대로 반영한 것이다.

모음의 경우 역시 입술과 혀가 조음할 때 움직이는 모양을 정확하게 관찰하고, 이들도 전체적으로 보면 비례적 관계에 있다는 것을 파악하여 제자의 과정에 반영하였다. (그 예는 앞쪽에서 본 바와 같다.)

2. 훈민정음의 창제자 세종대왕

세종대왕은?

세종은 조선조 제4대 임금이다. 그는 태종의 셋째아들로 태어났는데 학문을 좋아하고 심성이 고와서 왕세자로 책봉이 되었고 22세의 나이에 임금이 되었다. '성군' 또는 '대왕'이라는 호칭이 붙는 세종은 1397년에 태어나 1418년에 임금이 되었고, 1450년까지 임금으로 재위하였다. 우리나라 역사상 가장 훌륭한 임금으로 추앙받고 있으며, 재위 기간 중 유교 문화를 정립하고 찬란한 민족문화를 꽃피워 후대의 모범이 되었다. 특히 훈민정음을 창제하여 세계 문자사를 새로 쓰게 한 임금이다.

세종은 어린 시절부터 엄청난 양의 독서를 했다고 한다. 당시 통치의 이념이었던 유학의 경전뿐만 아니라 역사 · 법학 · 천문 · 음악 · 의학 등 다방면의 책을 수십 번씩 읽었다고 한다. "몹시 추울 때나 더울 때에도 밤새 글을 읽어, 나는 그 아이가 병이 날까 두려워 항상 밤에 글 읽는 것을 금하였다. 그런데도 나의 두꺼운 책을 모두 청하여 가져갔다"는 태종의 말이 전해질 정도로 책을 많이 읽었다.

학문을 좋아하는 세종의 이러한 정신은 재위 기간 동안 조선의 제도

세종대왕 어진 세종대왕기념사업회 소장

와 학문, 예술 등 모든 분야에서 새로운 기틀을 만들었다. 세종 2년(1420)에는 집현전을 궁중에 설치하여 학자를 키우고, 학문을 숭상하며 조선 초기 통치자를 보완할 인재를 양성했다. 역사 · 지리 · 정치 · 경제 · 천문 · 도덕 · 예의 · 문자 · 운학 · 문학 · 종교 · 군사 · 농사 · 의약 · 음악 등 거의 모든 분야에서 각종 저술을 함으로써 조선 전기 문화와 문물의 기초를 닦았다.

세종대왕의 업적

새로운 활판인쇄술의 개발

세종은 1420년(세종 2)에 경자자를 만들게 하는데, 글자체가 가늘고 빽빽하여 보기가 어려워 1434년(세종 16) 갑인년(甲寅年)에 왕명으로 갑인자를 만들게 한다. 이천(李蕆) · 김돈(金墩) · 김빈(金鑌) · 장영실(蔣英實) · 이세형(李世衡) · 정척(鄭陟) · 이순지(李純之) 등 당시의 과학자나 천문기기를 만들던 기술자를 동원하여 대략 두 달 동안에 20여만 자를 만들게 하였다. 이 활자는 아름답기로 유명하여 조선의 인쇄술을 발전시키는 계기가 되었으며, 특히 한글을 인쇄한 최초의 활자가 되었다.

천체 관련 생활 기구 개발

1433년(세종 15) 천체 관측기를 만들고, 시간을 재기 위해 물시계를 만들었으며, 1434년(세종 16)에는 해시계를 발명하였다. 1441년(세종 23)에는 강우량 측정기인 측우기(測雨器)와 하천수(河川水)를 재는 수표(水標)를 발명했고, 천문에 관련된 책을 펴 내기도 하였다. 측우기의 발명은 이탈리아의 베네데토 카스텔리(Benedeto Gastelli, 1639)보다 거의 200년 앞선 세계 최초의 것이다.

민생 관련 제도 정비 및 개혁

도량형(度量衡)을 정비하여 경제 활동에서 거래의 공정을 기하고, 경제 정책의 기준을 마련하였다. 농업 기술서인 『농사직설(農事直說)』을 편찬하여 농업 발전에 기여하였고, 조세제도(租稅制度)를 정비하여 조선조 조세제도의 기틀을 확립하였다. 의료 기관을 정비하고, 『향약채취월령(鄕藥採取月令)』, 『향약집성방(鄕藥集成方)』, 『의방류취(醫方類聚)』 등의 의서를 편찬하여 의학의 발전에 기여하였다. 죄수를 위해 감옥 시설을 개선하였고, 억울하게 벌을 받는 사례가 생기지 않도록 삼심제도(三審制度)인 삼복법(三覆法)을 실시하였다.

어린이와 노인을 보호하기 위해 15세 미만인 어린이와 70세가 넘는 늙은이는 살인죄나 강도죄에 한해서만 감옥에 가둘 수 있게 하고, 10세 이하의 어린이와 80세 이상의 노인은 사형에 해당되는 죄를 범했더라도 감옥에 가두지 못하게 하였다. 또한 사면령을 자주 내려 죄를 지은 자가 사회에 복귀할 수 있는 기회를 주었으며, 노비의 처우를 개선해서 인간적인 삶을 누릴 수 있게 하였다. 이외에도 세종은 민생 관련 제도를 정비하여 백성들을 위한 정책을 많이 펼쳤다.

음악과 풍속의 정리

세종은 박연(朴堧)에게 명하여 궁중이나 일반에서 연주되는 음악을 정리하여 새로 만들게 하고 새로운 악기도 제작하게 하였다. 이때 제작된 『세종악보』(원명 『세종장헌대왕실록악보』)는 『세종실록』 권

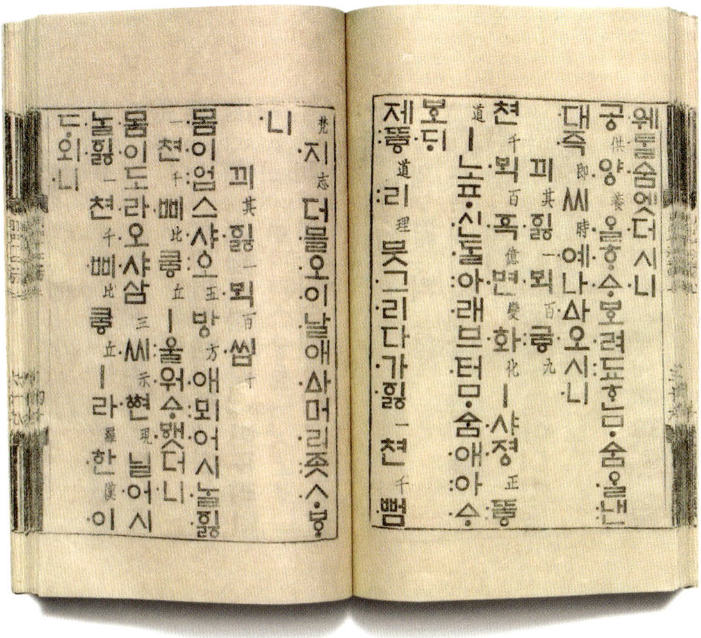

갑인자로 찍은 월인천강지곡 보물 제398호, (주)미래엔 소장

앙부일구 보물 제845호, 국립고궁박물관 소장

측우대 국립고궁박물관 소장

136~137, 권140~147에 실려 있는 것으로 음악 정리 사업과 창조 사업의 집대성이라 할 수 있다. 여기에는 아악(雅樂)과 신악(新樂)으로 양분하여 수록되어 있다. 이는 우리나라에서 가장 오래된 악보인 동시에 최초의 유량악보(有量樂譜)[17]인데, 동양에서 가장 오래된 유량악보이다.

윤리 의식 중 효를 고취하기 위해 고려 말에 나왔던 『효행록(孝行錄)』을 1428년(세종 10)에 설순(偰循) 등으로 하여금 개정하게 하여 중간하였다. 이어 1434년(세종 16)에는 '삼강'(군신간의 군위신강, 부자간의 부위자강, 부부간의 부위부강)의 모범으로 삼을 만한 사례를 충신 · 효자 · 열녀로 나누어 각각 35명씩 뽑아 모두 105명의 행적을 소개하고, 그것을 그림으로 그린 『삼강행실도(三綱行實圖)』를 간행하게 하였다.

역사 의식의 고취

후세의 제왕들에게 역사 의식을 고취시키기 위하여 『고려사(高麗史)』 등의 역사서를 편찬하게 하였고, 『자치통감훈의(資治通鑑訓義)』와 『치평요람(治平要覽)』을 지어 국가의 흥망성쇠를 배우도록 하였다. 1450년(세종 32)에는 정인지(鄭麟趾) · 유효통(兪孝通) · 이석형(李石亨)으로 하여금 역대의 전쟁과 그에 대한 선유(先儒)들의 평을 집대성한 병서(兵書)를 간행하게 하여 후세의 제왕들이 전쟁에 대비하도록 하였다. 그뿐만 아니라 「용비어천가」를 지어 조선 건국의 당위성을 역설하고 후세의 왕들이 망국의 사례를 잊지 않도록 하였다.

17) 음의 높이와 길이를 나타낼 수 있는 악보.

야인 추장 이만주 정벌도 세종대왕기념사업회 소장

무기 개발 및 영토 확장

고려 시대에 만들어졌던 화전(火箭)과 화포(火砲)를 개량하여 우리나라 무기사상 일대 혁신을 가져왔으며, 남쪽과 북쪽 방면의 정벌로 영토를 확장하였다. 1419년(세종 원년)에 이종무(李從茂)에게 명하여 대마도(對馬島)를 정벌하였다. 1433년(세종 15)에는 최윤덕(崔閏德)에게 명하여 서북쪽(현재의 평안북도)의 야인들을 토벌하게 하여 사군(四郡)을 설치하였다. 1434년(세종 16)에는 김종서(金宗瑞)에게 명하여 동북 변경 지방(현재의 함경북도)의 여진(女眞)을 토벌하게 함으로써 육진(六鎭)을 설치하였다. 이로써 우리나라의 북쪽 영역이 압록강과 두만강의 경계로 확장되었다.

훈민정음의 창제

앞에서 세종대왕의 많은 업적을 언급했지만, 무엇보다 가장 위대한 업적은 훈민정음의 창제일 것이다. 인류가 문자를 만든다는 것은 새로운 문명의 발전을 가져오는 큰 사건인데, 한 개인이 완전히 새로운 문자를 발명했다는 것은 인류 역사상 처음 있는 일이다. 훈민정음의 창제로 인해 세종은 우리 민족의 영원한 등불인 동시에 인류 역사상 가장 위대한 인물이 된 것이다.

3. 훈민정음의 구성과 내용

잘 알려진 대로 훈민정음은 「예의」, 「해례」, 「정인지 서문」으로 구성되었다. 「예의」에서는 훈민정음을 만든 취지와 각 자모의 음가에 대해 설명하였고, 「해례」는 훈민정음을 만든 근거와 원리를 제자해 · 초성해 · 중성해 · 종성해 · 합자해로 나누어 자세히 설명하고 있다. 용자례에서는 구체적인 고유어의 표기 예를 94개의 단어로 제시하였다. 「정인지 서문」에는 훈민정음의 우수성, 세종의 영명함 등이 서술되어 있다. 여기서는 「해례」의 구성과 내용에 대해 좀더 구체적으로 살펴보기로 한다.

제자해

제자해의 첫머리에는 새로운 문자에 대한 기본적인 인식과 제자의 원리가 설명되어 있다. 훈민정음 창제의 학문적 배경은 중국 음운학과 송학(宋學)이었으므로 새로운 문자에 대한 설명도 이에 맞추어 하고 있다. 즉 음양과 오행 그리고 태극은 우주 만물을 설명할 수 있는 원리이기 때문에, 인간의 소리나 문자 역시 음양과 오행, 태극으로 설명할 수 있다는 것이다. 그래서 문자의 이치와 소리의 이치는 동일하고 소리의 이치를 살펴서 문자를 제자한다는 내용이 실려 있다.

순음

순음은 두 입술이 닫혔다가 열리면서 나는 소리인데, 이를 표기하기 위해 'ㅁ'을 사용한다. 그리고 입술이 아래위로 펴지는 모양을 본따서 'ㅂ'을 만들고, 입술이 옆으로 펴지는 모양을 본따서 'ㅍ'을 만들었다.

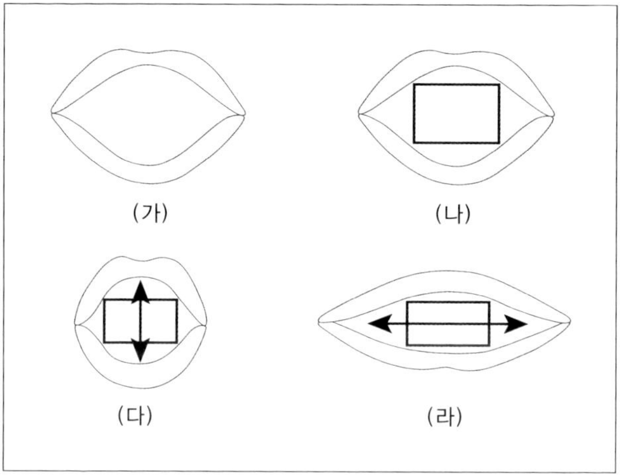

설음

혀가 윗잇몸에 가서 붙었다가 떨어지면서 나는 소리를 치조음이라고 하는데 이 모양을 본떠 'ㄴ'을 만들고, 조음기관의 윗부분이나 혀의 면을 고려하여 'ㄷ, ㅌ'을 만들었다.

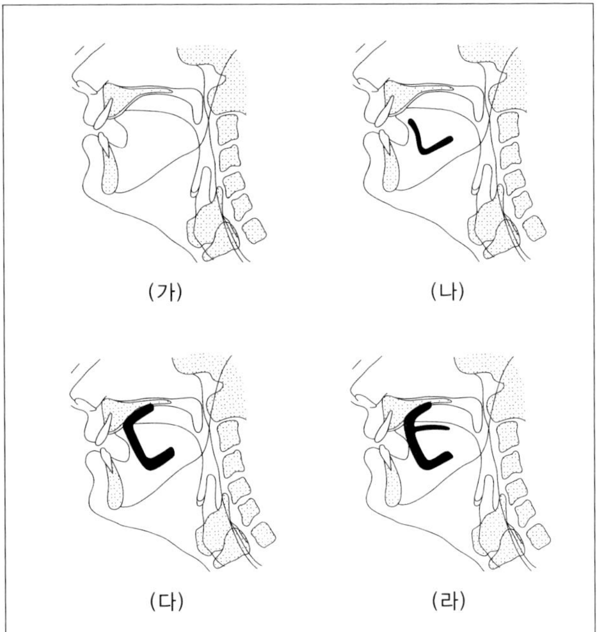

연구개음

연구개음은 혀의 뒷부분이 입천장의 뒷부분인 연구개를 폐쇄했다가 떨어지면서 나는 소리이다. 이 모양을 본떠 'ㄱ, ㅋ'을 만들었다.

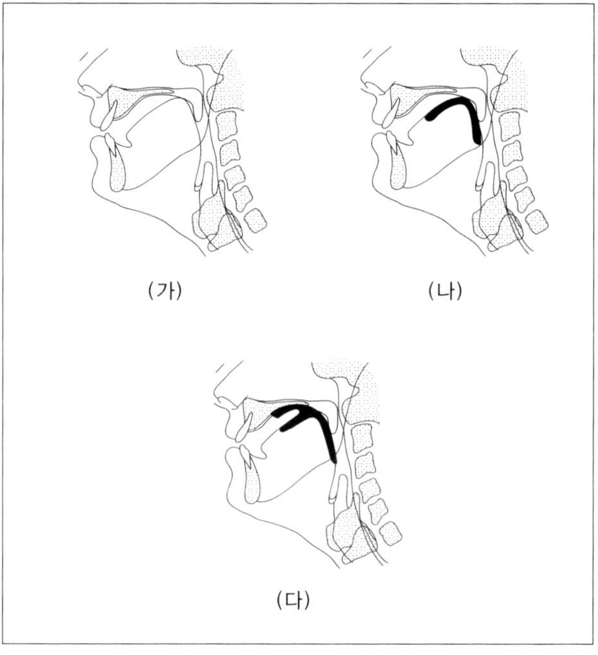

(가) (나) (다)

치음

치음은 혀가 아랫니와 윗니 사이에 들어가거나 윗니의 뒷부분에 접근하여 나는 소리인데, 훈민정음 창제자는 이와 관련된 음을 표기하기 위해 'ㅅ, ㅈ, ㅊ, ㅿ'을 만들었다. 'ㅿ'은 현재 사용하지 않는다.

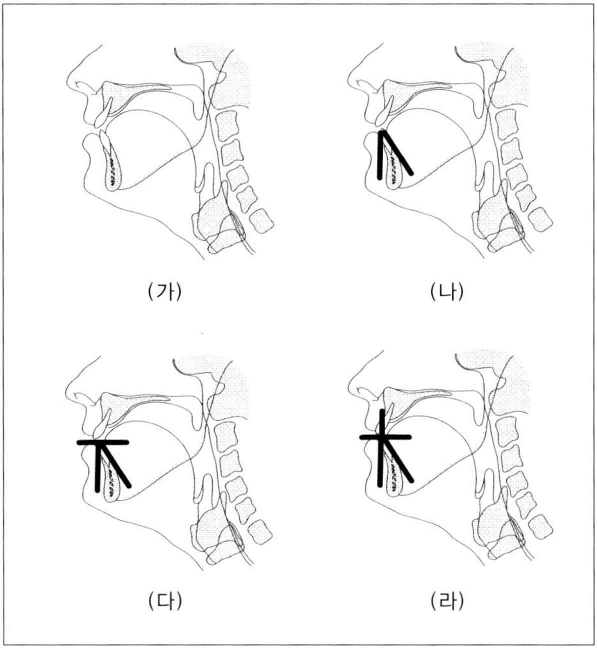

후음

후음은 목구멍에서 나는 소리를 지칭하는 것인데, 목구멍의 모양과 조음 방식을 고려하여 'ㅇ, ㆆ, ㅎ'을 만들었다.

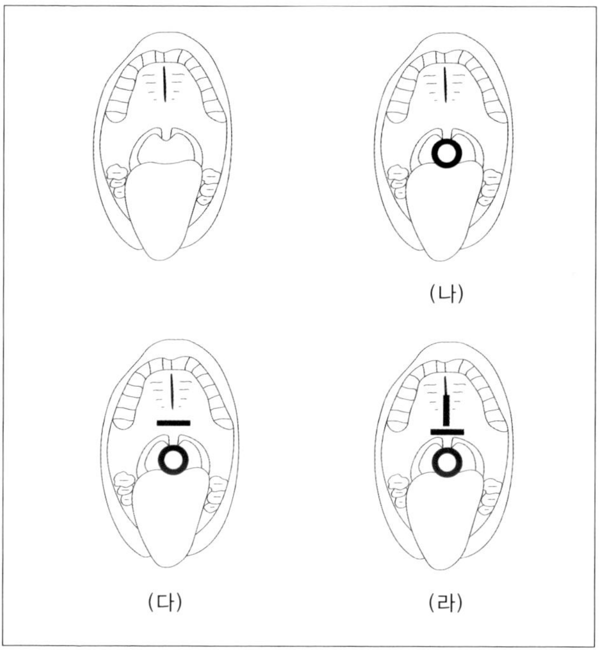

한글의 자형을 두고(된소리 포함), 비슷한 모양을 하고 있는 것끼리 묶었다. ‘ㅇ’의 모양을 한 것, ‘ㅁ’의 모양을 하고 있는 것, ‘ㅅ’의 모양을 하고 있는 것, ‘ㄴ’의 모양을 하고 있는 것, ‘ㄱ’의 모양을 하고 있는 것을 순서대로 묶되, 문자 모양이 간단한 것에서 복잡한 것으로 배열해 보면 다음과 같다.

ㅇ ㅎ

ㅁ ㅂ ㅍ // ㅃ

ㅅ ㅈ ㅊ // ㅆ ㅉ

ㄴ ㄷ ㅌ // ㄸ

ㄹ

ㄱ ㅋ // ㄲ

합성

초성과 중성과 종성이 합해져서 소리가 이루어진다는 설명과 각각의 기능에 대해 설명하고 있다. 초성에서 발동하고, 종성에서 끝나며, 중성은 운의 중심이 된다고 설명하였다. 예를 들면 ‘ㄱ’과 ‘ㅏ’가 합해져서 ‘가’가 되고 ‘ㄱ’과 ‘ㅏ’ 그리고 ‘ㅁ’이 합해지면 ‘감’이 된다는 것이다. ‘ㄱ’에서 발동하고, ‘ㅁ’에서 끝나며 ‘ㅏ’는 운의 중심이 된다.

종성의 제자

종성의 문자는 따로 만들지 않고 초성을 다시 쓴다. 이것은 국어의 단어가 실제 운용될 때에 음절의 초성이 종성이 되기도 하고, 종성이 초성이 되기도 하는 현실을 그대로 제자에 반영한 것이다. 예를 들면

'밥도, 밥이'의 경우 종성 'ㅂ'은 '밥'에서는 종성으로 사용되지만, 모음으로 시작되는 조사와 결합할 경우 '바비'로 조음되어 초성이 된다. 종성이 때로는 초성이 되고, 초성으로 조음되던 것이 상황에 따라 종성이 되기 때문에 제자를 달리하지 않은 것이다.

초성해

'초성'이라는 단어의 개념(正聲初聲 卽韻書之字母也: 훈민정음의 초성은 곧 운서에서 말하는 자모에 해당된다)과 음절에서의 위치를 설명하고(聲音由此而生: 성음은 이로부터 발생한다), 훈민정음의 23초성 체계에 있는 자모의 음가를 구체적인 예를 들어 제시하였다. '아음'과 관련된 설명을 옮겨 보면 다음과 같다.

> 如牙音君字初聲是ㄱ ㄱ與ᅟᅮᆫ而爲군 快字初聲是ㅋ ㅋ與ᅟᅫ而爲쾌 虯字初聲是ㄲ ㄲ與ᅟᆔ而爲뀨 業字初聲是ㆁ ㆁ與ᅟᅥᆸ而爲업之類.
>
> 어금니소리 군(君)자의 초성은 곧 ㄱ인데 ㄱ이 ᅟᅮᆫ과 어울려 군이 되고, 쾌(快)자의 초성은 곧 ㅋ이니 ㅋ이 ᅟᅫ와 어울려 쾌가 된 것이고, 뀨(虯)자의 초성은 ㄲ인데 ㄲ이 ᅟᆔ와 합하여 뀨가 되고, 업(業)자의 초성은 ㆁ인데 ㆁ이 ᅟᅥᆸ과 어울려 업이 되는 것과 같다.

중성해

중성해에서는 '중성'이라는 개념(中聲字居字韻之中: 중성이라는 것은 글자 운의 중심이다)과 기능(合初終而成音: 초성 · 종성과 합하여 소리를 이룬다)에 대해 설명하고, 구체적인 음가를 한자를 예로 들어 설명하였다. 즉 呑(탄, ㅌ·ㄴ)·卽(즉, ㅈㅡㄱ)·侵(침, ㅊㅣㅁ)자를 예로 들어가며 '·, ㅡ, ㅣ'의 중성 음가를 설명하고, 나머지 글자 역시 '洪(홍, ㅗ)·覃(담, ㅏ)·君(군, ㅜ)·業(업, ㅓ)·欲(욕, ㅛ)·穰(양, ㅑ)·戌(슏, ㅠ)·彆(별, ㅕ)' 등으로 그 음가를 설명하고 있다.

그리고 기본자 3개, 초출자 4개, 재출자 4개 등 창제자 11자 외에 다음과 같이 여러 모음자가 합용되어 쓰일 수 있음을 설명하였다(모음 글자는 인쇄의 편의상 현행과 같이 함).

기본자(基本字)	· ㅡ ㅣ
초출자(初出字)	ㅗ ㅏ ㅜ ㅓ
재출자(再出字)	ㅛ ㅑ ㅠ ㅕ
합용자(合用字) 二字合用字	ㅘ ㅝ ㆇ ㆊ
ㅣ相合字	ㆎ ㅢ ㅚ ㅐ ㅟ ㅔ
	ㆉ ㅒ ㆌ ㅖ
	ㅙ ㅞ ㆈ ㆋ

이자합용자(二字合用字)의 원리는 "동출이위류(同出而爲類)"라 하여 같은 계열끼리 결합할 수 있다고 설명하였다. ㅣ모음과 결합된 중모음들은 ㅣ모음이 "설전성천변어개구(舌展聲淺而便於開口: 혀를 펴서 발음하며 소리가 얕아서 입을 벌리기에 편하다)"라고 설명하였다.

집현전 학사도　세종대왕기념사업회 소장

종성해

종성해에서는 종성의 위치와 기능을 설명하고(終聲者承初中而成字韻: 종성은 초성과 중성 다음에 발생하여 글자의 운을 이룬다), 卽(ㅈㅡㄱ)·洪(ㆅㅗㆁ) 자를 예로 들어 'ㄱ', 'ㆁ'과 같은 종성의 음가를 설명하였다. 여기서 중요한 것은 음절에 대한 삼분법적인 인식이다. 앞의 "종성자승초중이성자운(終聲者承初中而成字韻)"이라는 기술에서 추출해 보면 중국 사람들이 하나의 소리를 성과 운으로 나눈 2분법적 인식과는 달리, 훈민정음 「해례」에서는 초성·중성·종성의 결합으로 인식하고 있음을 알 수 있다. 그래서 여기의 성자운(成字韻)은 하나의 음절로 된 글자의 음이라는 뜻으로 이해할 수 있다.

다음에는 입성(入聲)[18]과 비입성[19]을 종성의 종류 즉 음절말 자음으로 설명하고 있다. 예를 들면 'ㄱ'은 폐쇄음이기 때문에 입성만 될 수 있고, 'ㆁ'은 비강이 열려 있기 때문에 입성이 되지 못한다는 것이다.

聲 – 緩 – 平上去 – 不淸不濁之字(不厲)
聲 – 急 – 入 – 全淸次淸全濁之字(厲)

그러나 "然ㄱㆁㄷㄴㅂㅁㅅㄹ八字可足用也"라고 하여 음절말 자음으로 실제 실현되는 것은 8개뿐이라고 설명하였다. 그리고 'ㅅ, ㅈ, ㅿ, ㅊ' 등이 'ㅅ'자 하나로 통용될 수 있음을 말하였는데, 이것이 흔

18) 한자음 사성의 하나. 짧고 빨리 끝나는 소리.
19) 평·상·거 등 입성이 아닌 소리.

히 말하는 '팔종성법(八終聲法)'이다.

이어서 국어에서는 'ㆁ' 종성을 첨가하지 않아도 중성이 음을 이룰 수 있다고 하였는데, 이것은 당시의 학자들이 중국 성운학의 영향을 받아 운미 즉 종성이 있어야 한다고 인식하고 있었음을 알 수 있다. 이러한 인식은 '동국정운식 한자음'에서는 음성운(陰聲韻)에서도 'ㆁ' 글자를 종성 음으로 첨가한 사실에서 확인할 수 있다.

종성해 첫머리에서 예로 든 'ㄱ', 'ㆁ'을 제외한 나머지, 즉 'ㄷ(彆 볃), ㄴ(君 군), ㅂ(業 업), ㅁ(覃 담), ㅅ(衣 옷), ㄹ(絲 실)' 종성의 예를 든 다음, 5음의 종성을 역시 짝을 이루는 완급으로 설명하였다.

	牙	舌	脣	齒	喉
緩	ㆁ	ㄴ	ㅁ	ㅿ	ㅇ
急	ㄱ	ㄷ	ㅂ	ㅅ	ㆆ

종성해 끝에서는 반설음 'ㄹ'이 국어 한자음에서는 '彆(별)'로 읽히고 있는데, 이러한 발음은 중국에는 없다고 했다. 국어 한자음이 'ㄹ'로 발음되는 것은 'ㄷ'이 가볍게 된 것이라 하고, 'ㄹ'은 입성의 운미가 되지 못한다고 하였다. 국어 한자음 'ㄹ'은 일 년 뒤에 완성된 『동국정운』에서는 소위 "以影補來(ㅀ)"로 규정이 바뀌어 종성이 모두 'ㅀ'으로 표기된다.

합자해

합자해는 글자를 합하여 사용하는 방법을 설명한 것이다.

음절 구성

합자해에서는 초·중·종 삼성이 합하여 음절을 구성하는 방법에 대해 설명하고 있다. 초성과 중성을 합하여 사용하는 방법에 대해 어떤 모음은 초성의 옆에 쓰고, 어떤 글자는 초성의 밑에 쓰는가를 설명하였다.

초성 옆에 쓰는 중성 글자 ㆍ ㅡ ㅗ ㅛ ㅜ ㅠ
초성 아래 쓰는 중성 글자 ㅣ ㅏ ㅑ ㅓ ㅕ

그리고 종성은 초성과 중성의 아래에 쓴다고 규정하고 그 예로는 '구' 아래에 'ㄴ'을 쓰면 '君(군)'이 된다고 설명하였다.

초성 합용

초성을 두 자 혹은 석 자를 합용하는 예를 제시하고 있다.

합용병서 ㅺ ㅷ ㅵ
각자병서 ㆅ ㆀ ㅆ

합용병서는 그 종류, 즉 'ㅅ'계, 'ㅂ'계, 'ㅄ' 등이 있음을 제시한 것이고, 각자병서는 국어의 표기에서 실제 두루 사용된 세 가지 예를 제시한 것이다.

중성 합용

중성을 두 자 혹은 석 자 합용한 예를 제시하고 있다.

두 자 합용　ᅪ(과)
석 자 합용　ᅫ(홰)

종성 합용
종성을 두 자 혹은 석 자 합용한 예를 제시하고 있다.

두 자 합용　ᆰ ᆪ
석 자 합용　ᆱᆺ

이들은 당시에 실제 발음된 예들만 제시한 것으로 짐작된다. 즉 당시의 종성에는 'ᆱᆺ' 등과 같은 세 개의 자음이 실제 조음된 것으로 추정된다.

잡용
한자와 훈민정음을 섞어서 사용하는 것을 잡용(雜用)이라고 하였다. 이때는 한자의 음에 따라 중성으로 조음되기도 하고 종성으로 조음되기도 함을 표시하였다.

중성 조음　孔子ㅣ
종성 조음　魯ㅅ(사룸)

'子'의 음이 모음으로 끝났지만, 'ㅣ'가 결합하여 하향성 이중모음을 이룰 수 있기 때문에 'ㅣ'가 중성으로 조음되는 것이고, 모음으로 끝난 소리에 자음이 결합할 경우에는 그 자음이 종성으로 조음된다는 것을 예시한 것이다.

가점(加點)

점을 더하여 성조를 표시하는 방법에 대해 설명하였다.

1점　거성
2점　상성
무점　평성

통용

초성의 'ㆆ'은 초성의 'ㅇ'과 통용될 수 있음을 설명하였다.

연서

반설음에는 가벼운 음과 무거운 음이 있는데, 만약 사용한다면 순경음처럼 'ㅇ'을 아래에 이어 사용하면 된다고 설명하였다.

순경음　ㅸ
반설경음　ᄛ

방언과 아동지어(兒童之語)

국어의 모음 합자 중 당시에 통용되지는 않았지만, 아동의 언어나 지방의 언어에서 나타나는 소리에 다음의 두 종류가 있음을 증언하고 있다.

'ㅣ'와 '·'를 아래 위로 이어서 쓴 글자 및 'ㅣ'와 'ㅡ'를 아래 위로 이어서 쓴 글자.

용자례

용자례에서는 낱글자를 사용하는 예를 고유어로 제시하였다. 초성의 예로는 창제한 글자 17자 중 'ㆆ'을 제외하고, 연서자 'ㅸ'을 포함하여 17개의 문자에 대해 두 단어씩을 제시하고 있다. 중성의 예로는 창제한 글자 11개의 각각에 대해 4개의 예를 제시하고 있다. 종성해에서는 종성에서 실제 발음되는 8종성에 대해 두 가지 예를 제시하고 있다. 구체적인 예를 초성, 중성, 종성에서 하나씩 들어 보면 다음과 같다.

初聲ㄱ如 :감爲柹 ·골爲蘆 ㅋ如우·케爲未舂稻 콩爲大豆 ㆁ如러·울爲獺 서·에爲流澌

초성 ㄱ은 :감(柹), ·골(蘆)의 초성과 같으며, ㅋ은 우·케(未舂稻), 콩(大豆)의 초성과 같으며, ㆁ은 러·울(수달, 獺) 서·에(流澌)의 초성과 같으며

中聲·如·톡 爲頤 ·풋爲小豆 ᄃᆞ리 爲橋 ᄀᆞ래 爲楸

중성·는·톡(턱, 頤), ·풋(小豆), ᄃᆞ리(橋), ᄀᆞ래(楸)의 중성과 같으며

終聲 ㄱ如 닥爲楮독爲甕

종성 ㄱ은 닥(楮), 독(甕)의 종성과 같으며

제3장 한글의 보급과 확산

세종 25년 12월에 완성되어 '훈민정음'이라 이름 붙여진 우리글은 보수 세력의 반대에 부딪히기도 하고, 궁중의 박해를 받기도 하지만 꾸준히 그 세력을 확장해 간다. 창제 초기 최만리 등 보수 세력의 강한 반대에 부딪혔지만, 각종 서적을 새로 편찬하고 중국의 서적을 번역하기도 하였다. 그리고 부분적이지만 과거 시험의 과목으로 채택되면서 그 세력을 확산시켜 나간다. 또한 한자나 중국어 외의 다른 외국어를 배우기 위한 학습서가 한글로 만들어지면서 그 세력이 자연스럽게 확산되기도 했다.

연산군 시절 한글 습득자에 대한 탄압으로 그 보급이 일시적으로 장애에 부딪히지만, 그 후 과거 시험의 필수 과목인 사서삼경이 한글로 번역됨으로써 과거를 응시하는 사대부들은 한글로 된 경서를 읽지 않을 수 없게 된다. 또한 일반인들의 일상 생활에도 한글이 보급되어 그 영역을 넓혀 나간다.

1. 한글의 보급
2. 문화유산의 정리
3. 일상으로의 확산

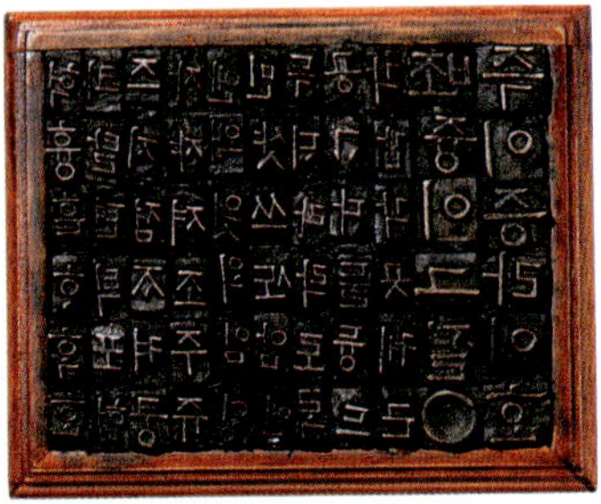

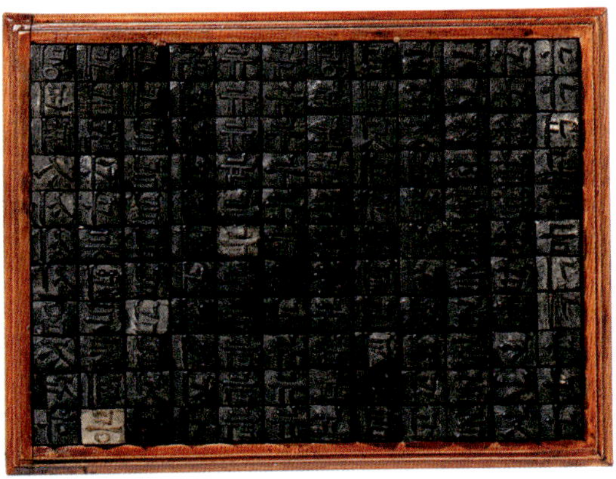

한글 금속활자 국립중앙박물관 소장

1. 한글의 보급

세종 25년 12월에 완성되어 '훈민정음'이라 이름붙여진 우리글은 창제 당시에 '정음' 혹은 '언문'으로 불리기도 하고, '반절'이란 이름으로 불리기도 했다. 언문이란 이름은 『세종실록』에서 "상친제언문이십팔자(上親製諺文二十八字)"라고 한 것에 연유하는데, 이때의 언문이란 '일상적인 언어를 표현하는 문자' 정도의 의미로 사용되었다

완성된 훈민정음을 사용하여 세종 27년 4월(1445)에 악장(樂章)인 『용비어천가』를 편찬, 세종 29년 5월(1447)에 간행하였다. 목판본 10권 5책의 총 125장에 달하는 서사시로서, 한자와 훈민정음을 병용해서 엮은 최초의 책이다. 그 후 세종은 "어리석은 남녀노소 모두가 쉽게 깨달을 수 있도록"(『세종실록』, 세종 26) 『삼강행실도』를 훈민정음으로 번역하도록 했다. 이후 문종 · 단종 · 세조 · 성종대에 이르기까지 운서와 불경, 문학 작품 등 다양한 종류의 책이 번역된다.

훈민정음을 실용적으로 사용하기 위해 훈민정음이 반포된 뒤에는 일부 관리를 뽑는 과거시험에서 훈민정음을 시험하도록 했다. 연산군 10년(1504)에는 언문청을 폐쇄하고 훈민정음을 쓰거나 가르치는 것을 금했지만, 한글로 그 뜻을 매긴 천자문이 간행되면서 양반이나 사대부 계층에서도 그 사용이 확대될 수밖에 없었다.

조선 중기 이후로 가면 가사문학이 융성해지고 『홍길동전』·『심청전』·『춘향전』 등 한글로 창작된 문학이 유행하게 된다. 더우기 임금의 윤음이 언해되면서 한글은 그 위치를 공고히 하고, 서민들의 일상생활에도 깊이 뿌리내리게 되었다.

한글 문헌의 제작

「용비어천가」-왕실 찬가

「용비어천가」는 한글 창제 후 간행된 최초의 국문 시가이다. 훈민정음을 창제한 2년 뒤인 세종 27년(1445)에 권제(權踶)·정인지(鄭麟趾)·안지(安止)·박팽년(朴彭年)·강희안(姜希顔)·신숙주(申叔舟)·이현로(李賢老)·성삼문(成三問)·이개(李塏)·신영손(辛永孫) 등이 125장의 노래를 지어 올렸더니, 세종이 기뻐하며 '용비어천가'라 이름을 지어 내렸다고 한다. 내용은 세종의 선조인 목조(穆祖)에서부터 아버지 태종(太宗)에 이르기까지 여섯 대의 행적을 노래한 서사시이다. 세종의 직계 할아버지 여섯 분의 행적은 모두 하늘의 명을 받든 것으로서 중국 제왕의 행적과 부합함을 강조하고 있다.

이 글은 훈민정음을 반포하기 1년 전에 만들어진 것으로 새로운 문자인 훈민정음으로 만들어진 최초의 문헌이다.

『동국정운』-소리의 정리

훈민정음이 반포된 2년 후인 1448년(세종 30)에 신숙주(申叔舟)·최항(崔恒)·박팽년(朴彭年) 등이 세종의 명으로 편찬한 우리나라 최초의 운서(韻書)이다. 6권 6책의 활자본으로 국보 제71호(간송미술관

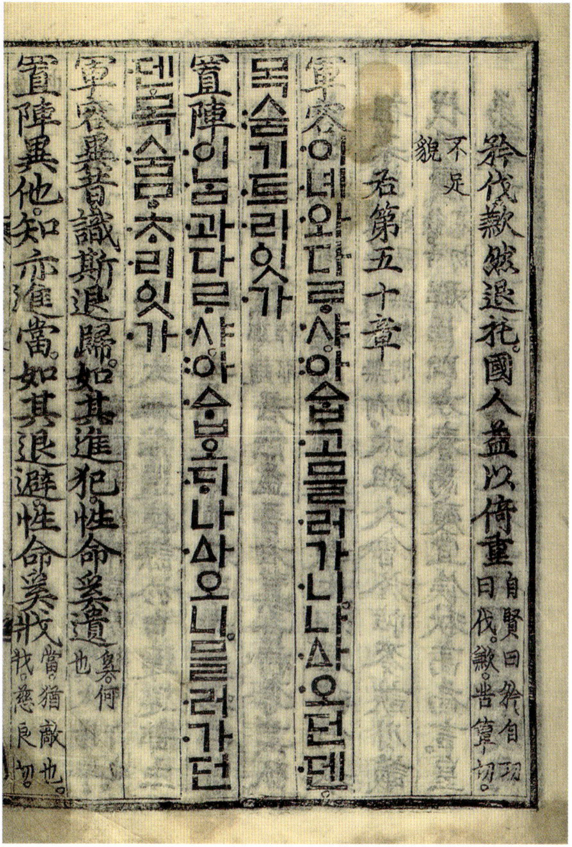

용비어천가 1447년, 목판본, 범우사 소장

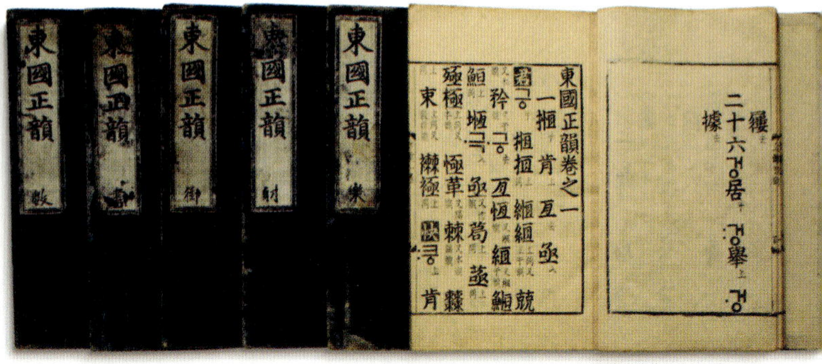

동국정운 국보 142호, 건국대학교박물관 소장

소장, 권1 · 권6)와 국보 제142호(건국대학교박물관 소장, 완질)로 지정되어 있다.

세종은 25년 12월에 훈민정음을 완성하고, 그 이듬해인 2월에 의사청(議事廳)에 의견을 구해 훈민정음으로써 『운회(韻會)』를 번역하게 하였다. 이 일로 최만리 등의 반대를 사기도 하였다. 세종조의 중요한 운서 편찬 사업으로는 『사성통고(四聲通攷)』 · 『홍무정운역훈(洪武正韻譯訓)』 · 『동국정운』 세 가지를 들 수 있는데, 이들은 세종 26년(1444) 2월부터 동시에 착수된 것으로 보인다. 훈민정음에 대한 해설서 『훈민정음』에는 동국정운식 한자음이 쓰였으므로, 동국정운식 한자음은 훈민정음을 반포하는 세종 28년 9월 이전에 이미 완성되었다고 볼 수 있다.

『석보상절』— 석가모니의 가계와 그 일대기

『석보상절』은 세종 29년(1447)에 수양대군과 김수온(金守溫) 등이 석가모니의 일대기와 불경을 편역한 책이다. 편찬 동기는 소헌왕후의 명복을 빌고 대중을 불교에 귀의하게 하는 데 있었다.

과거 시험과 한글의 확산

과거(科擧)

과거란 옛날에 관리를 등용하기 위해 실시한 시험이다. 관리를 채용할 때 시험을 보는 제도는 중국에서부터 시작되었는데, 우리나라의 경우 신라 원성왕 4년(788)에 '독서삼품과(讀書三品科)'를 실시하여 인재를 선발하기 시작하였다. 고려 시대에는 광종 9년(958)에 과거 시험을 실시하여 인재를 뽑았다.

조선 시대의 과거 제도에는 문신을 뽑는 문과와 무신을 뽑는 무과 양과가 있었다. 문과는 소과와 대과로 구분되는데, 소과는 하급 관리를 뽑는 것이고 대과는 소과에 합격한 사람 중에서 고급 관리가 될 사람을 뽑는 시험이었다. 소과는 다시 일반 관리를 뽑는 생원 · 진사과와 기술인을 뽑는 잡과로 구분되는데, 잡과에는 역과 · 의과 · 음양과 · 율과 등이 있었다.

과거 시험 과목으로 채택된 훈민정음

세종은 훈민정음을 반포한 직후인 28년 12월에 "이조(吏曹)에 임금의 명령을 전하기를 '이제부터는 이과(吏科)와 이전(吏典)에서 인재를 선발할 때에는 훈민정음을 함께 시험하여 뽑되, 비록 그 뜻과 이치가 통하지 않더라도 능히 합자할 수 있으면 채용하라'고 하였다(傳旨吏曹 今後吏科及吏典取才時 訓民正音並令試取 雖不通義理 能合字 取

之).”

이어 이듬해인 세종 29년(1447) 4월에는 각종 시험에서 훈민정음에 대한 시험을 강화하게 된다.

세조 6년

禮曹啓 訓民正音 先王御製之書 東國正韻洪武正韻 皆先王撰定之書 吏文又切於事大 請自今 文科初場 試講三書 依四書五經例級分 終場並試吏文 依對策例給分 從之.

예조에서 계하기를 훈민정음은 선왕이 만드신 책이고 동국정운과 홍무정운은 선왕이 찬정한 책이고 이문은 사대에 절대적인 것입니다. 청하건대 “지금부터는 문과 초장에 세 책을 강론하는 것을 시험하고, 사서와 오경의 예에 의하여 등급을 매기고, 종장에는 이문을 같이 시험하여 대책의 예에 의하여 등급을 매기겠습니다”고 하여 그대로 따르다.

세조 7년

傳旨禮曹曰 壬午年文科試取時 勿用韻書等雜書 依前試取.

예조에 전지하시길 임오년 문과 시험에서는 운서 등 잡서를 시험하지 말고 이전의 예에 따라 시험을 치르라.

궁중에서의 한글 사용

훈민정음을 창제한 후 앞에서 본 바와 같이 훈민정음은 과거 시험 과목으로 채택되기도 하고, 한문을 우리말로 번역하는 도구가 되기도 한다. 이러한 일련의 상황들은 훈민정음의 사용 범위를 넓히는 효과를

함흥에서의 과거 시험 국립중앙박물관 소장

가져왔다. 그리하여 언문은 창제 초기부터 광범위하게 사용 영역과 범위를 넓혀 간다. 그중 임금이 정무를 보기 위해 내리는 지침이나 임금에게 아뢰는 말씀, 궁인들끼리 서로 의사소통을 하는 수단으로서 사용되었던 구체적인 사례를 보면 다음과 같다.

임금의 업무와 관련된 일

세종은 신하들에게 내리는 교서를 언문으로 작성하여 보냈다.

甲辰/上數臺諫之罪 以諺文書之 命宦官金得祥 示諸義禁府承政院.

임금이 대간(臺諫)의 죄를 일일이 들어 언문(諺文)으로써 써서, 환관(宦官) 김득상(金得祥)에게 명하여 의금부와 승정원에 보이게 하였다. [세종 28년 병인(1446, 정통 11) 10월 10일(갑진)]

신하가 임금에게 보내는 글에도 언문이 사용되었다. 양녕대군이 문종에게 보내는 편지에 대한 다음의 기록이 있다.

> 讓寧大君禔 以諺文書 短簡以啓 其意則請使金敬哉上京 嫁其女子也. 下政府議之.
>
> 양녕대군 이제(李禔)가 언문으로써 짧은 편지를 써서 아뢰니, 그 뜻은 김경재로 하여금 상경하여 그 딸을 시집보내도록 하기를 청하는 것이었다. 정부에 내려 의논하게 하였다. [문종 1년 신미(1451) 11월 17일]

궁내 소통 수단으로서의 한글

궁내 의사소통의 수단으로 한글이 사용되기도 하였는데 시녀가 혜빈에게 보내는 편지에서도 한글이 사용되고, 궁인들끼리 편지를 주고받을 때에도 한글이 사용되었다. 다음은 시녀가 혜빈에게 언문으로 편지를 썼다는 기록이다.

> 侍女等有留壽康宮者 一侍女 以諺文書阿之安否(俗 稱內乳 爲阿之.) 送于惠嬪 惠嬪達于內 下諺文于承政院 其辭云: "卯丹言: '房子者今 重非 加知等欲通別監.'" 卽召議政府舍人李禮長 議于堂上.
>
> 시녀들 가운데 수강궁에 머무르는 자가 있었는데, 한 시녀가 언문으로 아지(시속에서 궁내의 유모를 아지라고 부른다)의 안부를 써서 혜빈에게 보내니, 혜빈이 내전에 상달하였다. 언문을 승정원에 내렸는데 그 사연에 이르기를, "묘단이 말하기를, '방자인 자금 · 중비 · 가지 등이 별감과 사통하고자 한다' 합니다" 하니, 즉시 의정부 사인 이예장을 불러서 당상에 의논하게 하였다.

보급의 한계와 위기

보급의 한계 – 선비들의 인식의 한계

새로운 문자인 한글은 창제 당시부터 논란이 되었다. 당시 사대주의를 내걸었던 조선에서 한문에 의한 문자 생활에 결정적 타격을 줄 수 있는 새로운 문자의 탄생은 기존의 가치관을 완전히 뒤엎는 것이었다. 그리고 새로운 문자는 그 문자로 작성된 문헌이 없기 때문에 문자를 익혀 정신적인 성장을 도모할 수 없는 한계를 지니고 있었다. 당시 집현전의 실질적인 책임자였던 최만리와 그를 따르는 선비들의 이러한 생각들은 속칭 '최만리 반대 상소문'에 잘 나타나 있다.

> 一. 凡立事功 不貴近速 國家比來措置 皆務速成 恐非爲治之體. 曰諺文不得已而爲之 此變易風俗之大者 當謀及宰相下至百僚 國人皆曰可 猶先甲先庚 更加三思 質諸帝王而不悖 考諸中國而無愧 百世以 俟聖人而不惑 然後乃可行也. 今不博採群議 驟令吏輩十餘人訓習 又輕改古人已成之韻書 附會無稽之諺文 聚匠數十人刻之 劇欲廣布 其於天下 後世公議何如.
>
> 무릇 사공(事功)을 세움에는 가깝고 빠른 것을 귀하게 여기지 않사온데, 국가가 근래에 조치하는 것이 모두 빨리 이루는 것을 힘쓰니, 두렵건대, 정치하는 체제가 아닌가 하옵니다. 만일에 언문은 할 수 없어서 만드는 것이라 한다면, 이것은 풍속을 변하여 바꾸는 큰일이므로, 마땅히 재상으로부터 아래로는 백료(百僚)에 이르기까지 함께 의논하되, 나라 사람이 모두 옳다 하여도 오히려 선갑(先甲) 후경(後庚)하여 다시 세 번을 더 생각하고, 제왕에 질정하여 어그러지지 않고 중국에 상고하여

부끄러움이 없으며, 백세라도 성인을 기다려 의혹됨이 없은 연후라야 이에 시행할 수 있는 것이옵니다. 이제 넓게 여러 사람의 의논을 채택하지도 않고 갑자기 이배(吏輩) 10여 인으로 하여금 가르쳐 익히게 하며, 또 가볍게 옛사람이 이미 이룩한 운서를 고치고 근거 없는 언문을 부회하여 공장(工匠) 수십 인을 모아 각본(刻本)하여서 급하게 널리 반포하려 하시니, 천하 후세의 공의에 어떠하겠습니까.

위 내용은 과거의 것을 쉽게 바꾸지 말라는 보수주의적인 시각을 나타내는 것이고, 아래 글은 언문이란 시급하게 필요한 것도 아니고 학문이나 수양에도 별 도움이 되지 않는다는 내용이다.

一. 先儒云 凡百琓好 皆奪志 至於書札 於儒者事最近 然一向好著 亦自喪志. 今東宮 雖德性成就 猶當潛心聖學 益求其未至也. 諺文縱曰有益 特文士六藝之一耳. 況萬萬無一利於治道 而乃研精費思 竟日移時 實有損於時敏之學也. 臣等 俱以文墨末技 待罪侍從 心有所懷 不敢含默 謹罄肺腑 仰瀆聖聰.

선유가 이르기를, “여러 가지 완호(玩好)는 대개 지기(志氣)를 빼앗는다” 하였고, “서찰에 이르러서는 선비의 하는 일에 가장 가까운 것이나, 외곬으로 그것만 좋아하면 또한 자연히 지기가 상실된다” 하였습니다. 이제 동궁이 비록 덕성이 성취되셨다 할지라도 아직은 성학(聖學)에 잠심하시어 더욱 그 이르지 못한 것을 궁구해야 할 것입니다. 언문이 비록 유익하다 이를지라도 특히 문사의 육예의 한 가지일 뿐이옵니다. 하물며 만에 하나도 정치하는 도리에 유익됨이 없사온데, 정신을 연마하고 사려를 허비하며 날을 마치고 때를 옮기시오니, 실로 시민(時敏)

의 학업에 손실이 되옵니다. 신 등이 모두 문묵(文墨)의 보잘것없는 재주로 시종(侍從)에 대죄하고 있으므로, 마음에 품은 바가 있으면 감히 함묵할 수 없어서 삼가 폐부를 다하와 우러러 성총을 번독하나이다.

새로운 문자인 언문에 대한 이러한 인식은 사대부 계층이 언문을 습득하여 일상생활에 사용하는 것에 대한 장애 요인 — 즉 한글 확산과 보급에 한계 요인으로 작용했던 것이다.

연산군의 폭정과 한글 탄압

한글 창제 후 60년쯤 뒤에 한글의 보급에 결정적으로 찬물을 끼얹는 사건이 발생하게 되는데 그것은 연산군에 의해서이다. 연산군은 1494년 12월 성종의 승하와 함께 왕위에 올라 중종 반정으로 쫓겨나는 1506년까지 12년 동안 군주로 있었다. 즉위 초에는 성종 때의 인재들이 활동하여 평온한 시절을 누렸으나, 즉위 4년째부터 패악한 본성이 드러나기 시작하면서 국가적으로 큰 불행을 겪게 된다. 연산군 4년(1498)에 무오사화가 일어나고, 재위 10년(1504)에는 갑자사화가 일어나는데, 이 두 사화는 당대 정계의 주도권 다툼과도 관련이 있지만, 연산군 개인이 가지고 있던 군주로서의 한계와 포악한 성품이 크게 작용한 것이다. 그 결과, 조선 초기 성리학의 대가인 김종직이 부관참시(剖棺斬屍)당했고 그 제자들 역시 사형을 당했다(무오사화). 아버지 성종의 후궁인 엄(嚴) · 정(鄭) 두 숙의(淑儀)를 궁중 뜰에서 때려죽이고, 할머니 인수대비(仁粹大妃)도 구타당해 죽는(갑자사화) 등 국가적으로나 윤리적으로 엄청난 상처를 남겼다.

이러한 사정으로 신하들과 연산군 사이에는 갈등이 끊이지 않았다. 직간(直諫)을 생명으로 알던 언관들은 직간을 계속하였고, 이를 귀찮게 여긴 연산군은 아예 사간원 · 홍문관을 없애 버렸다. 상소와 상언(上言) · 격고(擊鼓) 등 여론과 관련된 모든 제도들도 중단시켜 버렸다. 그뿐만 아니라 당시 최고의 교육기관이던 성균관을 주색의 장으로 만들고, 조계종(曹溪宗)의 본사로서 융성하던 원각사를 연방원(聯芳院)이라는 기방(妓房)으로 만들어 버렸다.

또한 선종(禪宗)의 본산인 흥천사(興天寺)를 마구간으로 쓰는가 하면, 한글과 관련된 언문청 역시 기생과 관련된 기관으로 바꾸어 버렸다. 연산군은 이에 그치지 않고 민간인의 한글 투서 사건을 계기로 한글 사용을 엄금하고 범인 색출을 위해 온갖 악행을 다 저질렀다.

이러한 망국적 상황이 계속되자 연산군 12년(1506) 9월 성희안(成希顔) · 박원종(朴元宗) · 유순정(柳順汀) 등이 주동하여 연산군을 퇴출시키고(중종 반정), 성종의 둘째아들이자 연산군의 동생인 진성대군(晉城大君)을 옹립하여 중종이 즉위하게 된다.

다시 날개를 다는 한글

훈민정음을 창제한 후에도 과거 시험이나 성균관에서의 교육은 한문 중심이었다. 그래서 사대부들은 한문을 익히는 데 신경을 쓰고, 한글에 대해서는 크게 관심을 두지 않았다. 물론 이 시기는 한글을 창제한 지 50여 년의 세월밖에 흐르지 않아(세조는 세종의 아들이고, 성종은 세조의 아들이고, 연산군은 성종의 아들이다. 그러니 연산군은 세종의 증손자가 된다.) 한글이 보급될 수 있는 시간적인 여유도 없었으리라. 한글 보급과 관련된 당시 상황은 연산군이 한글을 아는 자의 명단을 작성하여 그들의 필체를 일일이 대조하라고 영을 내린 것에서도 추론할 수 있다. 명단 작성과 필체 대조는 한글을 사용하는 사람들이 그리 많지 않았기 때문에 가능한 일이었다.

이러한 한글 보급의 지체를 깨는 데 결정적인 영향을 미친 것은 한문이나 외국어 학습을 위한 교재에 한글이 사용되면서부터이다. 한문 교재에 한글로 뜻과 음을 달아 학습하게 하거나, 한글로 외국어를 전사(轉寫)하게 하는 학습 교재의 등장은 한문이나 외국어를 공부하는 사람들이 모두 한글을 익혀야만 하는 결과를 가져왔다.

한문 교육과 한글 보급

최세진의 『훈몽자회(訓蒙字會)』 서문에 의하면, 조선 전기에 한문을 배우는 데는 먼저 『천자문(千字文)』을 읽고 그 다음 『유합(類合)』을 읽었다고 한다. 『천자문』은 중국에서 간행되어 우리나라에 전파된 것이고, 『유합』의 저자는 성종 때의 거유(巨儒) 서거정(徐居正)이라는 설과 이를 부인하는 설이 있는데, 이들 한자 학습서에 의해 한글이 사대부 계층에 보급된 것이다.

대표적인 『천자문』은 선조 때의 명필 석봉(石峰) 한호(韓濩, 1543~1605)가 쓴 것이다. 이 책은 한호가 손수 쓴 글씨체로 선조 16년(1583)에 간행되었으며, 이후 여러 차례 다시 간행되었다. 『천자문』은 한자 '天'을 그 뜻인 '하늘'과 음인 '텬'으로 익히는 구조로 되어 있어서 한자를 배우는 모든 사람이 한글을 먼저 깨치는 효과를 가져왔다. 『유합』 역시 천자문을 배운 학동이 한문을 학습하기 위해 사용한 것인데, 여기에도 천자문과 같이 뜻과 음을 한글로 달아 놓았다.

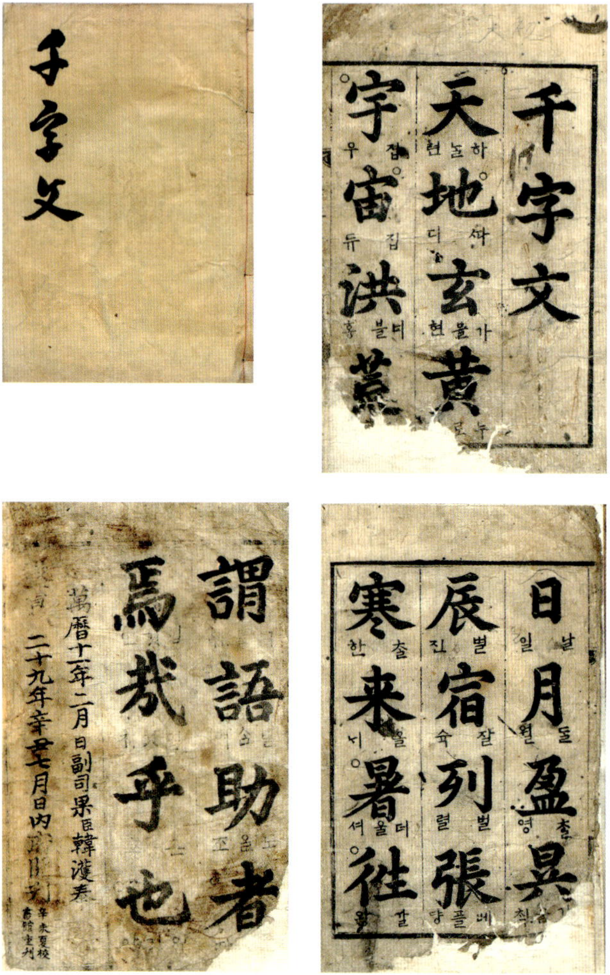

천자문 고려대학교 중앙도서관 소장

최세진과 『훈몽자회』: 최세진은 조선 시대 최고의 중국어 성운학자(聲韻學者) 중의 한 사람으로 출생 연대는 밝혀지지 않았고, 사망 연대는 중종 37년(1542)이다. 최세진은 생애에 걸쳐 저작 7종과 번역·언해 10종을 합쳐 모두 17종의 저술을 남겼다. 그중에서 오늘날 매우 중요한 자료로는 『사성통해(四聲通解)』·『번역노걸대(飜譯老乞大)』·『번역박통사(飜譯朴通事)』·『훈몽자회(訓蒙字會)』·『이문집람(吏文輯覽)』 등이 있다. 이들 저술은 16세기 초기와 중기의 국어와 한자음 및 중국어학에 관한 것들이다.

중국어 교과서인 『번역노걸대』와 『번역박통사』는 중국어를 학습하기 위해서 훈민정음을 먼저 익히게 하였다. 『이문집람』은 이문(吏文) 가운데 난해한 것을 해석하여 편찬한 것으로 이문을 이해하기 위해서는 훈민정음을 먼저 익혀야만 했다.

『훈몽자회』는 최세진이 1527년에 쓴 한자 학습서로서 한자 3,360자에 뜻과 음을 훈민정음으로 달아 놓았다. 한자를 학습하기 위해서는 언문을 배울 필요가 있다는 사실을 『훈몽자회』에서 최세진은 다음과 같이 언급하고 있다.

> 무릇 시골이나 지방 사람들 가운데 언문을 모르는 이가 많아서, 이제 언문 자모를 함께 적어 그들로 하여금 먼저 언문을 배운 다음 훈몽자회를 공부하게 하면, 혹시 밝게 깨우치는 데 이로움이 있을 것이니, 한자를 모르는 사람도 역시 모두 언문을 배우고 한자를 알면, 비록 스승의 가르침이 없더라도 한문에 통할 수 있는 사람이 될 것이다.

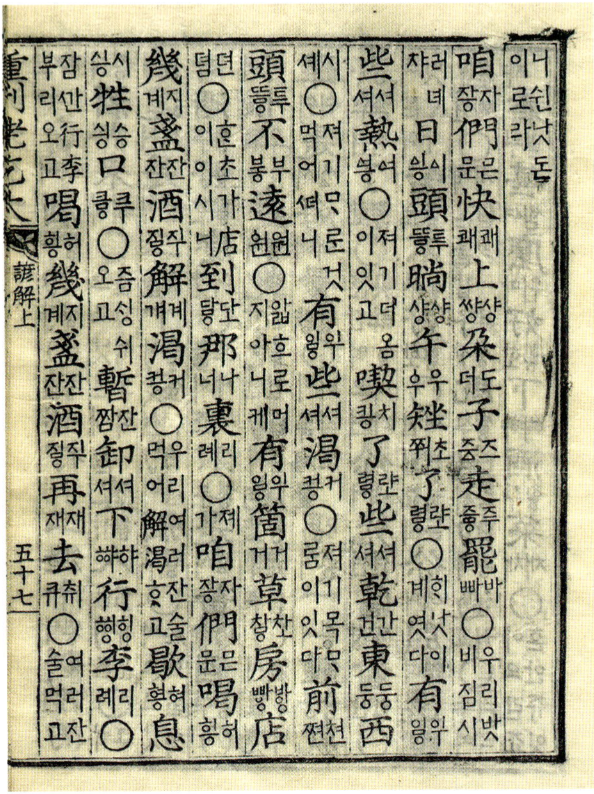

노걸대언해 1795년, 목판본, 범우사 소장

외국어 교육과 한글 보급

한글로 된 외국어 학습서가 연이어 나오면서 외국어 학습자는 한글을 먼저 익힐 수밖에 없게 되었다. 중국어 교육서로는 위에 열거한 『번역노걸대』·『번역박통사』·『오륜전비언해(伍倫全備諺解)』 등이 있었고, 일본어 교육서로는 『첩해신어(捷解新語)』·『이로파(伊路波)』 등이 있었다. 몽골어 교육서로는 『몽어노걸대(蒙語老乞大)』, 만주어 교육서로는 『청어노걸대(淸語老乞大)』가 있었다.

칠서언해의 완성과 한글 보급

칠서(七書)란 사서와 삼경을 합쳐 부르는 이름인데 『대학』·『중용』·『논어』·『맹자』를 사서라 칭하고, 『주역』(『역경』)·『시경』·『서전』(『서경』)을 삼경이라고 칭한다. 이를 한글로 해석하여 엮은 책을 칠서언해라고 한다. 『대학언해』 1권 1책, 『중용언해』 1권 1책, 『논어언해』 4권 4책, 『맹자언해』 14권 7책, 『주역언해』 9권 5책, 『시경언해』 20권 10책, 『서전언해』 5권 5책으로 구성되어 있다.

사서삼경의 번역 작업은 세종때부터 시작되었으나 오랜 세월 완성을 보지 못하다가 선조 1588년에 번역이 완성되었다고 한다. 사서삼경은 조선 시대 관리가 되기 위한 문과 시험의 필수과목이었기 때문에, 이의 번역이 완성되었다는 것은 대과 즉 문과 시험을 치르는 모든 사대부가 한글을 익혔다는 것을 의미한다. 경전을 포함한 모든 한문 글은 다양한 해석의 가능성을 가지고 있는데, 조정 주도의 번역본은 경전 해석과 이해의 기준이 되었기 때문이다.

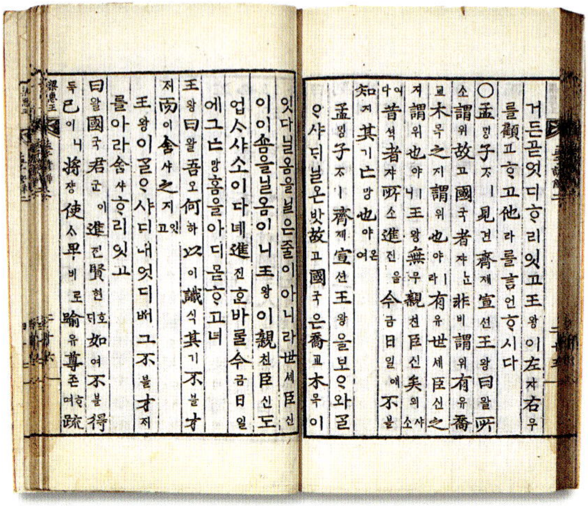

맹자언해 국립중앙박물관 소장

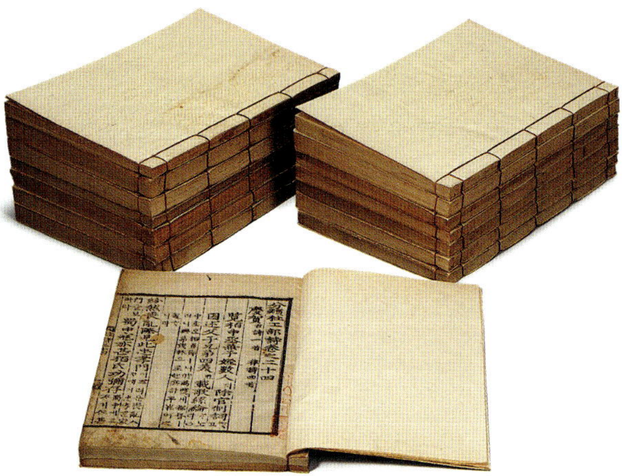

분류두공부시언해 1632년, 국립중앙박물관 소장

궁중에서의 적극적인 한글 사용

최고 권력자인 임금이 자식들에게 한글로 서신을 보내기도 하고, 한글로 서신을 주고받기도 했다. 왕후 역시 자식들과 한글로 서신을 교환했다. 조선 시대 모든 권력의 상징인 궁궐에서 임금과 그 가족들이 한글로 서신을 교환했다는 것은 모든 사람들의 귀감이 되는 것으로, 개인의 의사소통에서 한글이 활발하게 사용되었다는 것을 암시한다.

뒤의 그림은 1603년에 선조가 딸 정숙옹주에게 보내는 글이다. 현대어로 번역하면 다음과 같다.

글월(편지) 보고.

돋은 것은 그 방이 어둡고(너 역질 하던 방) 날도 음하니 일광이 돌아서 들면 내 친히 보고 자세히 기별하마. 대강 약을 쓸 일이 있어도 의관 의녀를 들이어 대령하려 하노라. 분별말라(걱정말라). 자연 아니 좋아지랴.

그 다음은 효종이 숙명공주와 주고받은 서신이다.

글월 보고 잘 있으니 기뻐하노라 어제 두 색의 촉 보내였으니 보았느냐? 면자등을 이 수대로 보내노라.

문안 여쭤 보고 밤사이에 성후(임금 신체의 안위) 안녕하신지 문안 올리기를 바라며 날이 갈수록(?) 더욱 섭섭하여 아무렇다(는 말도) 없어 하옵니다.

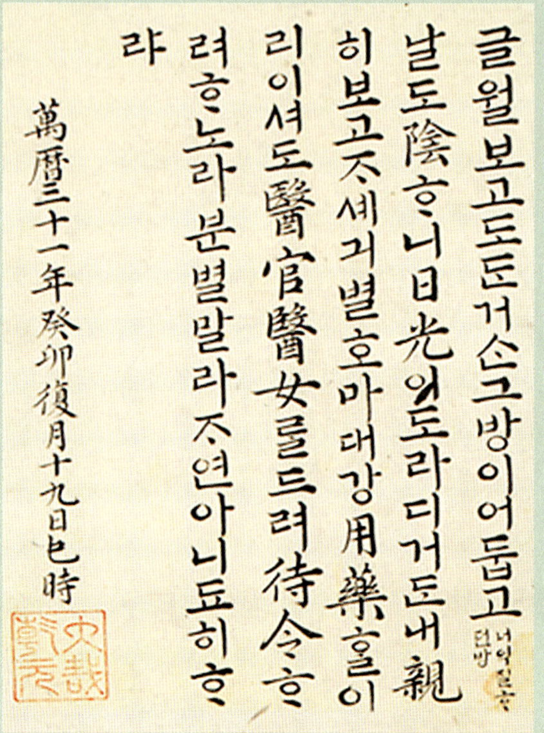
글월 보고 도도 거슨 그 방이 어둡고 (너 역질ᄒᆞ던 방)
날도 陰ᄒᆞ니 日光이 도라디거든 내 親
히 보고 ᄌᆞ세 긔별호마 대강 用藥ᄒᆞᆯ 이
리 이셔도 醫官 醫女ᄅᆞᆯ 드려 待令ᄒᆞ
려 ᄒᆞ노라 분별 말라 ᄌᆞ연 아니 됴히 ᄒᆞ
랴
萬曆三十一年癸卯復月十九日巳時

선조가 그 딸 정숙옹주에게 1603년, 서울대학교 규장각 소장

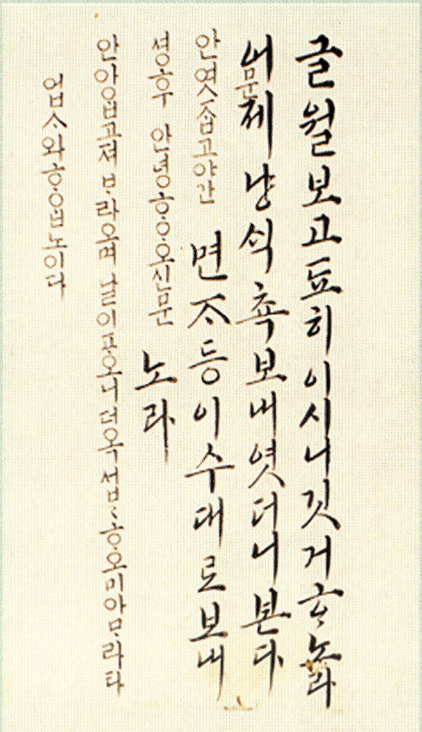

효종과 그 딸(숙명공주) 국립중앙박물관 소장

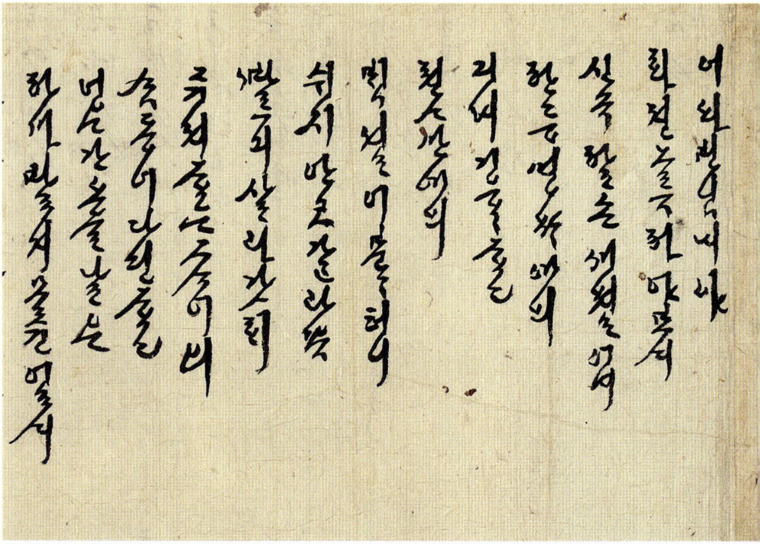

화전가 1814년, 국립중앙박물관 소장

2. 문화유산의 정리

시조집의 간행

시조는 고려 말부터 발달하기 시작한 우리 고유의 정형시이다. 시조가 정형화되면서 이전의 모든 시형(詩型)은 시조의 발생을 위한 준비였고, 시조 이후의 시형들은 시조에서 분파한 형식이라 할 수 있다. 1,000년 가까이 우리 민족의 얼과 정서를 담아 온 대표적인 민족 문학인 시조가 조선 중기부터 한글로 종합 정리되면서 민족 정서가 시대와 공간을 뛰어넘어 일반에 공유되는 계기가 되었다.

『청구영언』

조선 영조 때의 남파(南坡) 김천택(金天澤)이 고려 말엽부터 편찬 당시까지 전해 내려오는 시조를 모아 1728년(영조 4)에 엮은 고시조집이다. 현재까지 전해지는 가집(歌集) 중에서 편찬 연대가 가장 오래되었고, 실려 있는 시조의 양도 제일 방대하다. 이 책의 제1차 초고가 완성된 때는 1727년(영조 3), 제1차 수보(修補) 완료는 1728년, 제2차 수보를 마친 때가 1732년인데, 제1차 수보시 상당히 많은 시조가 증보된 듯하므로 실제 완성된 시기를 1728년으로 보는 것이다. 『청구영언』에는 ① 최남선(崔南善)본 ② 오장환(吳章煥)본 ③ 이희승(李熙昇)본 ④ 홍재휴(洪在休)본 ⑤ 이병기(李秉岐)본 ⑥ 이가원(李家源)본 ⑦ 일본인(오구라 신페이[小倉進平], 후지타[藤田亮策])본 등의 이본(異本)이 있다. 이 중 육당본에 실려 있는 시조는 999수이고 그 외에 가사 16편이 실려 있다.

『해동가요』

가객(歌客) 김수장(金壽長)이 편찬한 조선 3대 가집의 하나이다. 1746년(영조 22)에 시작하여 1755년까지 제1단계 편찬을 마쳤다. 1763년에 제2단계 편찬이 완성되어 책명을 '해동가요'라 하고 세상에 내놓았다. 김수장이 80세 되던 1769년(영조 45)까지 개수(改修)와 편찬 작업은 계속되었다. 이 책은 주시경(周時經)의 전사본인 최남선(崔南善) 소장의 '육당본(六堂本)'과 이희승(李熙昇) 소장의 '고사본(古寫本)' 등 두 가지가 전한다. 이 중 육당본에는 568수의 시조가 수록되었다.

『가곡원류』

1896년에 박효관(朴孝寬)·안민영(安玟英)에 의하여 편찬된 시조집으로, 수록된 작품 수는 이본에 따라 다르나 약 800여 수이다. 작자와 작품의 연대적 범위는 고구려의 을파소(乙巴素)에서부터 조선 고종 때의 안민영에 이르기 1,000여 년 동안에 걸쳐 있다. 작자의 신분적 범위도 폭이 넓어서 위로는 열성(列聖)과 명공석사(名公碩士)에서, 아래로는 기녀(妓女)에까지 이른다. 앞의 『청구영언』이나 『해동가요』가 시조 문학의 중간 보고서라면 『가곡원류』는 그 총결산이라고 할 수 있다.

한글 소설의 등장

『홍길동전』

조선 중기 허균(許筠, 1569~1618)이 지은 최초의 한글 소설로 중국 소설인 『수호전』의 영향을 받아 임진왜란 이후 사회제도의 모순을 풍자한 작품이다. 내용을 요약하면 다음과 같다.

> 조선 세종 때 좌의정 홍문의 서자로 태어난 홍길동은 무예와 도술을 익혔으나 서자이기 때문에 벼슬길에 나아가지 못한다. 사람 대접을 받지 못하는 세상을 한탄하던 길동은 자신의 재주를 시기하던 홍문의 첩이 보낸 자객에게 살해당할 위기를 겪자 홀연히 집을 떠난다. 그 길로 도적의 소굴에 합류하여 무리들을 제압하고 우두머리가 된다. 그 무리를 활빈당이라 칭하고 탐관오리와 부패한 승려들을 징벌하는 일에 나선다. 활빈당의 이름이 전국에 알려지자 조정은 위기를 느껴 홍길동을 잡으려고 하지만 실패한다. 임금은 길동을 회유하기 위해 벼슬을 내리지만 길동은 무리를 이끌고 이 나라를 떠나겠노라고 아뢴다. 이후 어머니를 모시고 수하들을 이끌고 율도국으로 건너가 나라를 세운다.

『심청전』

작자와 연대 미상의 대표적인 한국 고전소설이다. 이 소설은 효를 강조하는 유교 사상과 인과응보의 불교 사상을 바탕으로 하고 있다. 심청전은 수십 종의 이본(異本)이 있는데 경판본(京板本: 서울에서 간행된 책)과 완판본(完板本: 전주에서 간행된 목판본) 계열이 있다. 한글 소설이 수십 종의 이본을 가지고 다양한 사람들에게 읽혀졌다는 것은 바로 한글 보급의 확산을 의미하는 것이다.

> 효녀 심청은 장님인 아버지의 눈을 뜨게 하기 위해 공양미 300석에 몸을 판다. 어부들은 거친 인당수 바다에 심청을 제물로 바치고, 심청은 사해용왕의 도움으로 구출되어 왕후의 자리에까지 오른다. 심청은 아버지를 찾기 위해 전국의 장님들을 초대해 잔치를 베푼다. 그 자리에서 아버지를 만나게 되고 마침내 아버지의 눈도 뜨이게 된다.

『춘향전』

판소리 12마당의 하나이다. 영조 · 정조 전후의 작품으로 추측되고, 작가와 연대는 미상이다. 『춘향전』은 처음 판소리로 만들어졌다가 나중에 소설로 정착되었다. 『춘향전』에 나타나는 자아의 신장과 꿈의 형상이 조선 후기 민중들의 가슴에 와 닿았고, 춘향의 수절과 아름다운 인연이 당시의 봉건 윤리에도 합치되었기 때문에 양반이나 하층민 누구나 즐겨 읽는 소설이 되었던 것이다. 이 작품의 이본(異本)은 외국어로 번역된 것까지 합치면 무려 70~80여 종이나 되는데, 이것은 그야말로 한글의 확산을 증명해 주는 사례다.

> 숙종 초 전라도 남원부의 퇴기 월매는 성참판과의 사이에서 딸 춘향을 낳는다. 춘향은 천하일색에다 시서에 능했다. 어느 화창한 봄날 그네를 타고 있는 춘향을 남원부사의 아들 이몽룡이 보게 된다. 춘향에게 첫눈에 반한 몽룡은 백년가약을 맺고자 월매에게 뜻을 전하고, 월매는 이를 수락한다. 이도령과 춘향은 신혼의 즐거운 나날을 보내고 있는데, 아버지 이부사의 상경으로 부득불 이도령도 후일을 약속하고 서울로 떠나게 된다.

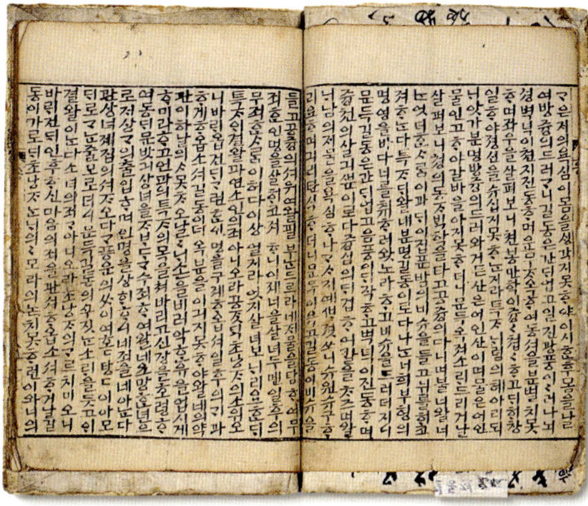

홍길동전 국립중앙박물관 소장

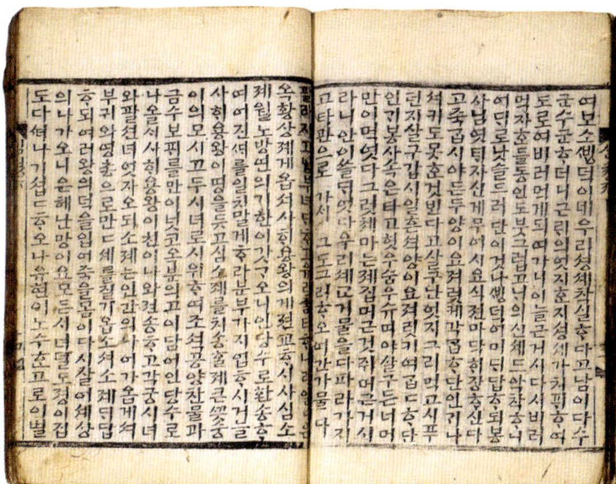

심청전 국립중앙박물관 소장

춘향도 병풍 중 일부 이도령과 춘향이 만나는 장면, 경희대학교박물관 소장

남원에 새로 부임한 신관 사또 변학도는 춘향에게 수청을 강요한다. 춘향이 거절하자 태형을 가해 옥에 가둔다. 서울로 올라간 이도령은 장원급제를 하고 암행어사가 되어 전라도로 내려온다. 남원으로 가는 도중에 사또로부터 춘향이 봉변을 당하고 있다는 이야기를 듣고 옥중으로 찾아가지만 춘향은 이몽룡을 알아보지 못한다. 변학도의 생일 축하연이 벌어지는 날, 걸인의 행색을 하고 연회에 참석한 이몽룡은 그 자리에서 시를 지어 탐관오리의 학정을 비판한다. 이어 어사또가 출도하여 탐관오리 변학도를 봉고파직하고 춘향을 구해 행복하게 살게 된다.

한글 연구서의 등장

조선 후기로 오면 본격적으로 우리말과 문자를 연구하는 기풍이 자리잡기 시작한다. 우리말의 방언이나 어원에 대한 연구도 시작되고,

문자의 제자 원리나 방식에 대한 연구도 시작된다. 이 시대의 대표적인 학자가 신경준(申景濬: 영조 때의 문신·실학자, 1712~1781)과 유희(柳僖)인데, 여기서는 유희의 『언문지(諺文志)』를 중심으로 당시 우리말과 글에 대한 연구를 살펴본다.

유희는 1773년(영조 49)에서 1837년(헌종 3)까지 생존한, 조선 후기 실학파 학자이다. 『문통(文通)』 100권을 초고로 남겼는데, 그 행방은 지금 알지 못하고 있다. 그는 천문(天文)·지리(地理)·의약(醫藥)·복서(卜筮)·종수(種樹)·농정(農政)·풍수(風水)·충어(蟲魚)·조류(鳥類) 등에 두루 정통하였는데, 『시물명고(詩物名考)』·『물명유고(物名類考)』·『언문지(諺文志)』는 국어학의 귀중한 연구 자료이다. 『언문지』는 서문(序文)·초성례(初聲例)·중성례(中聲例)·종성례(終聲例)·전자례(全字例) 등 4부문으로 구성되었는데, 전자례의 내용은 전자의 예를 제시한 것과 『언문지』를 마무리하는 내용으로 구분되므로, 실질적으로는 5부문으로 구성되었다고 할 수 있다.

『언문지』는 중국의 운서와 한국의 운서를 종합하여 인간이 내는 소리 체계를 수립하고 이를 바탕으로 당시 조선어의 음운체계를 논한 것이다. 한자음 위주로 음운을 연구하던 종래의 방법을 지양하고, 우리말의 음운체계를 수립하기 위한 첫 연구서로 꼽을 수 있는데, 현대의 관점에서 볼 때도 전혀 손색이 없이 우수한 책이다. 『언문지』는 1938년 조선어학회에서 활자본으로 간행하였고, 1946년에 재간하였으며, 1958년에 유창돈(劉昌惇)이 『언문지 주해(註解)』를 신구문화사에서 간행하였다.

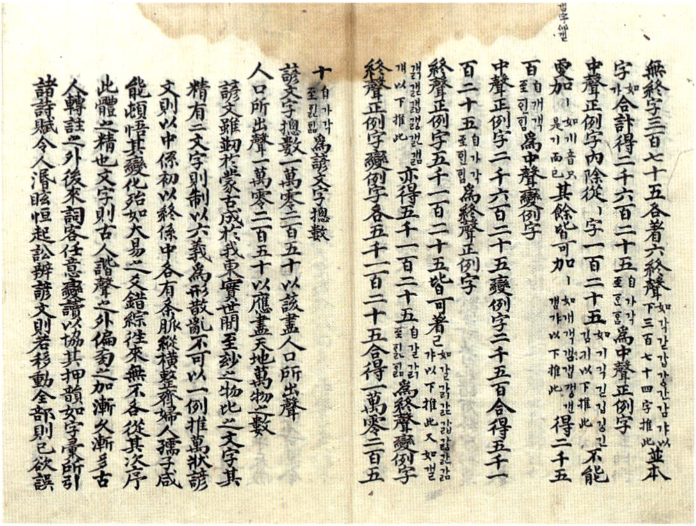

언문지 유희 지음, 1824년, 규장각한국학연구원 소장

가집과 악보

조선 후기에 오면 조선 전기에 발달했던 궁중 음악이 하향하고, 정악(正樂)이라는 새로운 음악 양식이 발전하게 된다. 정악은 아정(雅正)하고 고상하며 바르고 큰 음악이라는 의미로 민속악과 대칭되며, 크게 성악과 기악으로 나눈다. 성악은 가곡 · 가사 · 시조로 구분되고, 기악에서는 정악의 대표적인 곡으로 「영산회상」이 있다. 민속악은 판소리와 무속 음악에서 유래한 시나위나 산조가 대표적이라고 할 수 있다.

『악장가사(樂章歌詞)』

고려 이후부터 조선 초기에 걸쳐 악장으로 쓰인 아악(雅樂)과 속악(俗樂), 가사(歌詞)를 모아 엮은 가집(歌集)이다. 조선 중종에서 명종 연간에 밀양 사람 박준(朴浚)이 편찬했다는 설이 있다. 내용은 속악가사 상(俗樂歌詞上) · 아악가사(雅樂歌詞) · 가사 상(歌詞上) 3부로 나뉘어졌다. 오랫동안 노래로만 구비 전승되어 오던 고려가요 「가시리」·「서경별곡」·「쌍화점」·「청산별곡」·「만전춘별사」·「처용가」 등이 수록되었으며, 『악학궤범(樂學軌範)』·『시용향악보(時用鄕樂譜)』와 더불어 3대 가집으로 꼽힌다.

『양금신보(梁琴新譜)』

광해군 2년(1610)에 양덕수(梁德壽)가 지은 거문고 악보로 1책 26장으로 된 목판본이다. 발문에는 임진왜란 때 전라도 남원에 피난왔던 악사 양덕수가 현감으로 있던 김두남(金斗南)의 도움으로 임진왜란 전후의 거문고곡을 모아 악보를 만들어 출간하게 되었다는 내용이 적혀 있다. 본래 거문고의 새로운 악보라는 이름으로 '금신보'라고 하고자 했으나 편찬자의 성을 앞에 붙여 '양금신보'라는 이름을 붙이게 되었다고 한다.

영조 어진 국립고궁박물관 소장

3. 일상으로의 확산

교훈서의 간행

영조는 조선을 중흥시킨 임금이지만 즉위 과정과 재임 과정에서 여러 가지 불미스러운 일들이 많았다. 그래서인지는 몰라도 후대 임금들이나 백성들에게 훈계하는 글들을 많이 남겼다.

어제상훈언해(御製常訓諺解)

영조 21년(1745)에 후대 왕들의 치적에 도움을 주기 위해 지은 교훈서로 목록 · 수서(首序) · 본문 · 후발(後跋)로 구성되어 있다. 본문은 경천(敬天: 하늘의 이치를 공경하라), 법조(法祖: 선왕을 본받으라), 돈친(惇親: 친척끼리 정을 도타이 하라), 애민(愛民: 백성을 사랑하라), 거당(祛黨: 무리를 짓고 편을 가르는 습관을 없애라), 숭검(崇儉: 검박을 숭상하라), 여정(勵精: 정신을 가다듬어라), 근학(勤學: 학문에 힘쓰라) 등 8항목으로 이루어져 있다. 이 책은 항목마다 한자 본문에 한글로 음과 토를 단 뒤 한글 번역문을 그 뒤에 실었다.

어제경민음(御製警民音)

영조 38년(1762)에 간행한 책으로 백성들에게 경계하는 내용을 담고 있다. 10장밖에 안 되는 짧은 분량으로 모두 한글로 표기되었다.

어제백행원(御製百行源)

영조 40년(1765)에 백성들에게 효를 권장하기 위해 지은 교훈서이다. 백성들이 효행의 중요성을 깨달아 실천에 옮기도록 하기 위해 성현의 여러 저술 가운데에서 모범이 되고 중요한 것들을 뽑아 편찬한 것이다. 한문에 토를 달고, 그 뒤에 한글로 언해문을 실었다.

임금과 백성의 대화

조선 후기 영조와 정조대에 오면 한글은 중흥기를 맞이하는데, 정조대에는 많은 한글 문헌이 간행되었다. 특히 정조는 흉년이 들거나 도적떼가 창궐하는 등 일반 백성들에게 좋지 않은 일이 생길 경우 임금이나 조정의 뜻을 백성들에게 알려 민심을 수습하는 방편으로 한글로 윤음을 내렸다.[20]

경기도 백성에게 내리는 윤음

경기도 백성에게 내린 윤음 「유경기대소민인등윤음」은 정조 6년(1782) 8월 13일에 내린 것으로 되어 있다. 이 해에는 경기도 · 충청

20) 『조선왕조실록』을 검색해 보면 정조는 모두 62번의 윤음을 내린 것으로 되어 있는데, 박진호(2,000)에는 26번의 윤음언해 목록이 있다.

도 · 경상도 등지에 흉년과 홍수 등으로 피해가 많았는데, 유독 경기도가 더 심해 경기도 백성에게 윤음을 내렸다고 한다. 그중 일부를 현대어로 옮겨 보면 다음과 같다.

> 왕이 이렇게 말씀하시기를 아, 너희 기전(경기 지방)의 백성들아, 나의 마음으로 이르는 것을 잘 들으라. 내 일찍이 주례를 보니 흉년에 행하는 열두 가지 정사 중에 정부(세금을 문다는 말)를 가볍게 함이 그 순서로 두 번째에 있는데, 조세를 가볍게 하는 요체는 세금을 더는 것과 환곡을 감하는 것보다 나은 것이 없다.

여섯 도의 백성에게 내리는 윤음

1782년에 이어 1783년에도 경기도 · 충청도 · 전라도 · 경상도 · 강원도 · 함경도 등에 큰 흉년이 들자, 때마침 원자의 돌을 맞이하여 왕실의 경사를 백성들과 함께함으로써 민심을 수습하고자 정조가 내린 윤음이다. 내용의 일부를 현대어로 옮기면 다음과 같다.

> 왕이 이와 같이 말씀하시기를, 이 날은 곧 원자의 첫돌로 좋은 시절이다. 오직 하늘과 조종이 묵우하시고 음즐[21]하시어 이에 원자의 채복을 입고 구슬을 가지고 놂으로써 우리 자전과 자궁께 즐거움을 드리는 것을 보니 이 어찌 홀로 내 한 사람의 경사리오.

21) 묵우와 음즐은 하늘이 가만히 도우신다는 뜻.

삼강오륜과 한글

유교적인 시각에서 보면 가정과 사회와 국가를 제대로 정립하기 위해서 가장 필요한 것이 삼강오륜을 잘 지키는 것이라고 할 수 있다. 조선 초기에 삼강(임금과 신하, 부모와 자식, 남편과 아내)에 관한 행실도가 간행된 뒤 관련 서적들이 조선시대 전 기간에 걸쳐 간헐적으로 간행되었는데, 대표적인 서적은 다음과 같다.

『삼강행실도(三綱行實圖)』

백성들을 위한 윤리 도덕 교과서로서, 세종 16년(1434)에 직제학 설순(偰循) 등이 왕명을 받고 우리나라와 중국의 서적에서 삼강에 모범이 될 만한 행실을 모아 놓은 책이다. 모두 세 권으로 되어 있는데, 「효자도」에는 역대 효자 110명을, 「충신도」에는 112명의 충신을, 「열녀도」에는 94명의 열녀를 소개하였다. 우리나라 사람으로는 효자 4명, 충신 6명, 열녀 6명이 실려 있다. 매 편마다 그림을 그려넣고 한문으로 내용을 설명한 다음, 그림 위에 한글로 다시 내용을 적었다.

『이륜행실도(二倫行實圖)』

중종 13년(1518)에 조신(曺伸)이 왕명을 받아 '윗사람에 대한 예절'과 '벗 사이의 믿음' 등 이륜에 관해 모범이 되는 옛 사람들의 이야기를 엮은 것이다. 모두 48명의 중국 명현들이 수록되어 있다. 이 책은 연산군에 의해 피폐된 사회상을 바로잡기 위해, 중종이 조광조 등에게 명하여 민중의 윤리 규범을 확립하고 백성을 교화하기 위해 간행한 것이다.

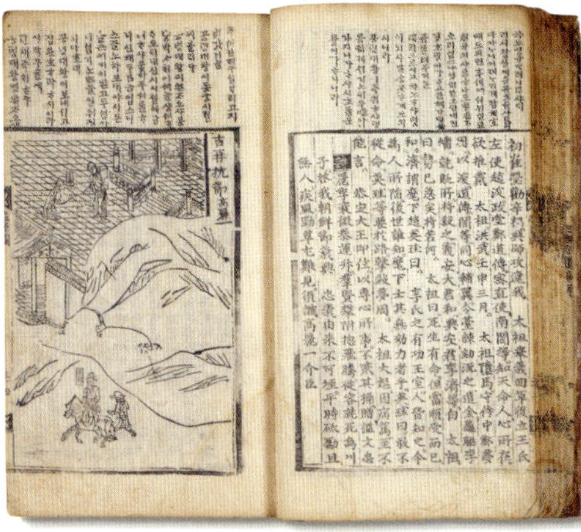

삼강행실도 국립중앙박물관 소장

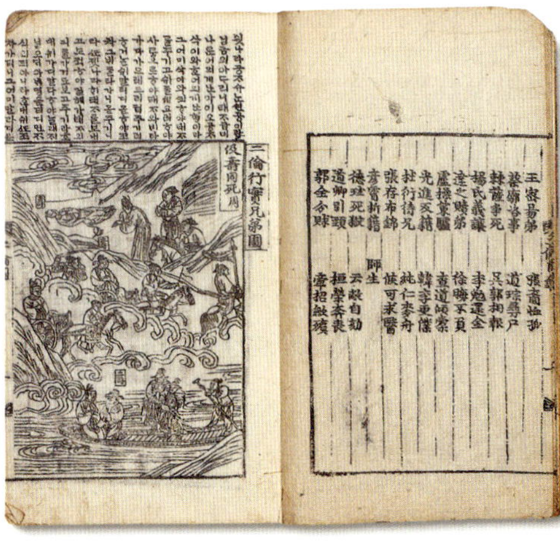

이륜행실도 국립중앙박물관 소장

『오륜행실도(五倫行實圖)』

정조 21년(1797)에 이병모 등이 왕명을 받아, 『삼강행실도』와 『이륜행실도』를 합하고 수정하여 편찬한 책으로 5권 4책으로 되어 있다. 책 앞부분에 정조의 어제윤음(御製倫音)이 실려 있다. 정조는 서문에서 "앞서 간행된 삼강 · 이륜이라는 책이 선후로 발간되어 학관(學官)에 반포되어 있어 백성을 감화시키고 풍속을 좋게 이룩하는 근본이 되었으므로, 두 책을 표준으로 삼아 향음례(鄉飮禮)를 강조하고 행하게 하고자" 이 책을 간행한다고 밝혔다. 도판을 싣고 그 다음에 한문으로 행적을 밝히고, 한글 부분을 한문 뒤에 실었다.

여성 교육과 한글

삼국시대부터 조선조에 이르기까지 국가가 설립한 교육기관은 오로지 남성들만을 위한 것이었다. 여성들은 가정에서 지켜야 할 덕목을 함양하는 것만으로 충분하다고 생각했기 때문에 현모양처가 되기 위한 인격 수양과 부덕을 쌓도록 강조하였다. 그중에서도 큰 비중을 차지하는 것이 음식 만들기였는데, 조선 중기에서부터 요리책이 한글로 만들어져서 보급이 되었다. 이처럼 훈민정음은 일반 민중들의 생활 전반, 즉 일상적인 의식주에서뿐만 아니라 관혼상제에 이르기까지 광범위하게 확산되었다.

『내훈(內訓)』

성종 6년(1475) 왕의 어머니인 소혜왕후가 부녀자의 훈육을 위해 엮은 책으로 중국의 『열녀전』 · 『소학』 · 『여교(女敎)』 · 『명감(明鑑)』에서

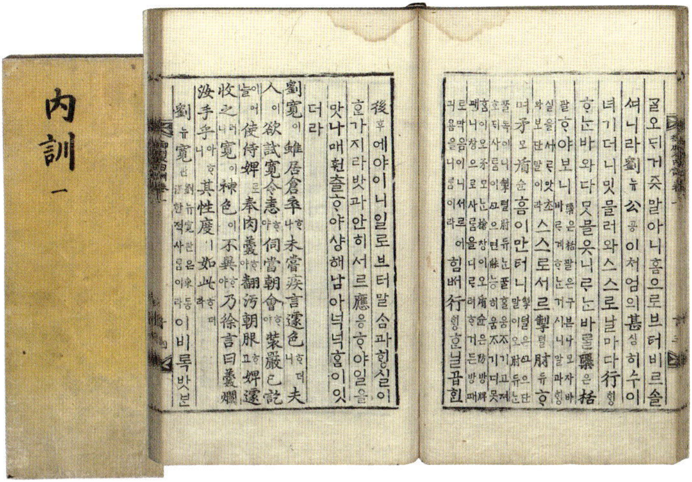

내훈 규장각한국학연구원 소장

필요한 대목을 뽑아서 만들었다. 제1장 「언행」에서는 말과 행실에 주의할 점, 제2장 「효친」에서는 올바른 효도 방법을, 제3장 「혼례」에서는 혼인의 예절을, 제4장 「부부」에서는 부부 사이에 지켜야 할 도리를, 제5장 「모의」에서는 어머니로서의 예의범절을, 제6장 「돈목」에서는 친척들과 화목하게 지내는 방법을, 제7장 「영검」에서는 청렴하고 검소하게 집안 살림을 돌보고, 손님 접대와 남편 보필하는 방법을 기술하였다.

『음식디미방』

조선 후기 안동에서 살았던 정부인 안동 장씨(1598~1680)가 말년에 딸과 며느리들에게 집안에서 전해 내려오는 요리법을 알려주기 위해 저술한 요리책이다. 모두 146종의 음식 조리법을 적어 놓은 것으로 현

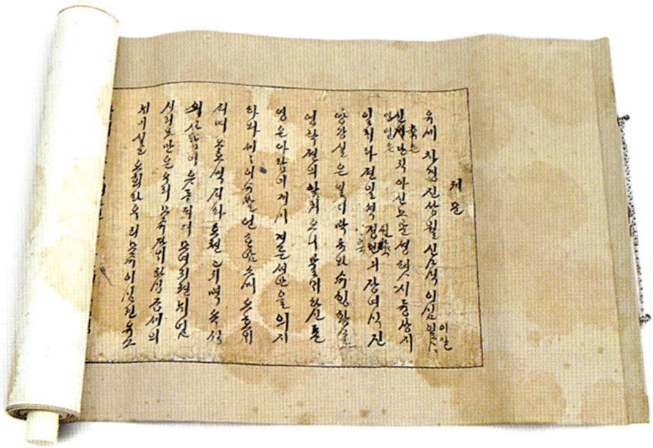

한글 궁체 제문 경희대학교박물관 소장

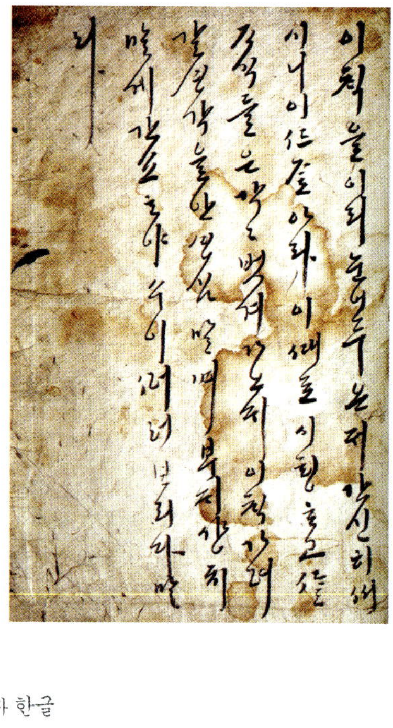

음식디미방 필사기
출처: 안동문화콘텐츠

존하는 요리책 중에서 한글로 쓰여진 가장 최초의 책이다. 음식을 크게 분류하면 면병류(麵餠類)·어육류(魚肉類)·주류(酒類)·초류(醋類)이다. 면병류에는 국수와 만두·떡 등 밀가루 음식 18가지, 어육류에는 물고기와 육고기 음식 44가지 등 모두 74가지, 주류 및 초류에는 54가지의 조리법이 실려 있다. 또 '맛질방문'이라고 부기된 16종이 있는데, 이는 장씨의 외가인 안동 권씨의 문중 음식 조리법이다. 책의 말미에는 다음과 같은 당부의 말이 적혀 있다.

> 이 책을 이렇게 눈이 어두운데 간신히 썼으니, 이 뜻을 알아 이대로 시행하고, 딸자식들은 각각 베껴가되 이 책을 가져갈 생각일랑 절대로 내지 말며, 부디 상하지 않게 간수하여 빨리 떨어져 버리게 하지 말아라.

『규합총서(閨閤叢書)』

19세기 초반 순조 9년(1809)에 빙허각 이씨가 의식주에 관련된 생활 전반의 문제들을 정리한 책이다. 전체 내용은 주사의(酒食議)·봉임칙(縫紝則)·산가락(山家樂)·청낭결(靑囊訣)·술수략(術數略) 등 5장으로 구성되었다. 1장에서는 장 담그는 법, 술 빚는 법, 밥과 떡, 반찬류의 제조와 관리법을 다루고, 2장에서는 누에치기, 길쌈, 염색, 수놓기, 옷만들기 같은 바느질법을 기술하였다. 3장에서는 논밭을 일구는 법, 꽃과 대나무 관리, 가축의 사육 방법에 대한 내용을 다루고, 제4장에서는 아이 키우는 요령, 구급법 등 가족의 건강 문제를 다루었다. 5장에서는 집의 방향에 따른 길흉, 재액막이법, 무당에게 속지 않는 방법 등을 싣고 있다.

제4장 어문 생활의 개혁과 위기

국가적으로 조선은 임진왜란과 병자호란을 거치면서 새로운 사회와 새로운 가치관을 요구받는다. 서구 문명을 먼저 받아들인 일본에 의해 전 국토가 유린당하고, 강력하게 성장한 만주족에게 임금이 굴복당하고 세자가 인질로 잡혀 가는가 하면, 종주국으로 섬기던 명나라는 만주족에게 멸망한다. 좋든 싫든 조선은 청나라를 종주국으로 모시게 되는데, 청나라 역시 서양 세력에 의해 무력화되는 과정을 밟는다.

이러한 상황에서 조선은 영조와 정조의 노력으로 문예가 일시적으로 부흥하는 듯했지만 기울어진 국운을 다시 세우지는 못하고, 가뭄과 홍수라는 천재지변과 역병의 창궐, 관리의 부패와 매관매직이라는 인재가 겹쳐 쇠락의 길을 걷는다. 당시 조선이 선택할 수 있는 길은 서학을 과감하게 받아들이거나 아니면 배척하든가, 이도저도 아니면 새로운 가치관을 확립하는 것이었다. 그 어느 쪽이든 민중과 같이 호흡할 수밖에 없었고, 이 상황은 바로 한글의 대중적인 보급으로 이어지게 된다.

1. 조선말의 시대적 상황
2. 문자 생활의 혁신
3. 국가의 멸망과 한글의 위기

철종 어필 국립중앙박물관 소장

1. 조선 말의 시대적 상황

영조와 정조 시대를 거치면서 조선은 쇠퇴의 길로 접어드는데 그 주된 요인 중의 하나가 외척의 득세다. 순조 때부터 세도를 잡은 외척 안동 김씨 일파는 헌종 · 철종에 이르러 더욱 정사를 농단함으로써, 벼슬을 팔고 사는 탐관오리들이 속출하고 백성은 도탄에 빠진다.

당파는 조선 왕조 제14대 왕인 선조 때부터 생겼는데, 당시 동쪽에 사는 김효원(동인)과 서쪽에 사는 심의겸(서인) 사이의 갈등이 원인이었다. 그 후 동인과 서인은 다시 남인 · 북인 · 노론 · 소론으로 갈라져 조선 후기를 사색당쟁의 시대로 몰고 갔다. 사대부들은 자신이 소속된 당파의 세력을 지키기 위해 서로 모함하고 시기하며 골육상잔을 일삼았다. 더욱이 당시에는 지역 갈등도 심해서 서북 사람들은 아무리 훌륭한 인재라도 고급 관리로 등용할 수 없게 되어 있었다. 즉 문관은 지평(持平) · 장령(掌令) 이상 승진할 수 없었고, 무관 역시 만호(萬戶) · 첨사(僉使) 위로는 승진할 수 없었다.

국운의 쇠락

민중 봉기

도탄에 빠진 민중들이 집권층에 대항할 수 있는 일 중의 하나가 반란을 일으키는 것이었다. 당시 조선에서는 전국 각처에서 민중 봉기가 일어났는데, 예를 들면 순조 11년(1811) 평안도에서 홍경래난이 발생한 것을 시작으로 경상도 · 전라도 · 제주도 · 경기도 · 평안도 · 함경도 등 전국 각지에서 민란이 발생하였다. 특히 철종 13년(1862) 임술년에는 도합 37회에 걸쳐 민란이 일어났다고 한다.

천재(天災)와 미신 도참(圖讖)의 유행

조선 말에는 거의 해마다 가뭄과 홍수로 인한 흉년이 계속되어 굶어 죽는 사람들이 속출하였고, 악질이 유행하여 전국적으로 환자가 발생하였다. 민간에서는 토정비결 등 참위설을 믿거나 정감록 등을 숭상하여 현실 세계와 동떨어진 미신을 믿는 풍조가 확산되어, 실사구시의 학문 기풍은 사라지고 황당한 도참 사상이 세력을 떨쳤다.

서양 선박의 출현

순조 32년(1832) 6월에 영국 상선 한 척이 황해도 장연군 몽금포 앞바다에 나타난 것을 시작으로 우리나라 해안에 서양 선박이 자주 출몰하였다. 13년 뒤 헌종 11년(1845) 7월에 다시 영국 군함이 나타나 제주도와 전라도 남서해안을 돌았고, 그 다음해인 헌종 12년 6월에는 프랑스 해군소장 세실이 군함 3척을 이끌고 충남 홍주군(보령군) 외연도에 나타났다. 헌종 14년(1848)에는 함경도 연안에 국적 불명의 서양 선박이 또 나타났다. 이러한 상황에서도 쇄국정책을 고집해 오던 조선은 병인양요(1866)와 신미양요(1871)를 치른 후에는 결국 일본의 압력에 못 이겨 병자수호조약(1876)을 체결하고 문호를 개방하게 된다.

중국의 굴복

조선의 종주국으로 행세하던 청나라는 서구 문명을 조선보다 일찍 받아들였지만, 근대식 개혁에는 실패하고 쇠락의 길로 접어들었다. 더우기 서구의 침략을 이겨내지 못하고 1842년에는 홍콩을 점령한 영국과 남경조약을 체결하면서 광동 · 하문 · 상해 · 복주 · 영파 등 5개항을 개방하고 1천8백만 달러의 배상금까지 지불하게 된다. 이로써 청나라는 이미 조선의 종주국으로서의 위치를 상실하였다.

1860년에는 영 · 불 연합군이 천진과 북경을 함락하는 등 청나라와의 전쟁에서 승리하자 북경조약을 체결하게 된다. 이에 따라 청나라는 구룡반도를 내주고, 천진 · 오문 · 산두 · 경주 · 우장 · 지부 · 한구 · 구강 · 진강 등 9개 항을 더 개방하였다. 또한 서양 종교의 포교에 대한 자유를 인정하고 서양 공사의 북경 주재를 허용할 뿐만 아니라 배상금까지 지불하는데, 이러한 중국의 상황은 당시 조선으로 하여금 새로운 활로를 모색할 수밖에 없게 만들었다.

서학의 유입

이 무렵 서학(천주교)이 우리나라에 전래되어 포교를 시작하고, 이에 반발하여 동학이 발생함으로써 대중적인 힘을 얻게 된다. 동학과 서학은 공통적으로 포교의 편의와 대중성을 위해 천시받던 한글로 경전 –

청나라 병사 18세기, 국립중앙박물관 소장

천주가사(천주교) 혹은 『용담유사』(동학) – 을 만들어 포교를 하였는데, 이로 인해 일반 대중들에게 한글이 급속하게 확산된다.

서양 학문과 천주교와의 접촉

1601년에 중국에 파견된 이탈리아 선교사 마테오 리치(Matteo Ricci, 1552~1610)는 북경에서 천주교 선교 활동을 하면서 서양 학문과 문물을 중국에 전하고 중국 문화를 서양에 알리는 역할을 했다. 북경을 왕래하던 조선 사람들이 천주교 서적과 과학 서적을 들여오면서 서양에 관한 지식이 조선에도 조금씩 알려지게 되었다. 당시 조선의 유학자들은 천주교에 대한 내용을 마테오 리치가 저술한 『천주실의(天主實義)』를 통해서 알게 되었다. 이 책은 이수광이 들여와 전파한 것이다. 그 후 병자호란때 북경에 인질로 잡혀 간 소현세자가 독일인 신부 아담 샬(Adam Schall)을 만나면서 천주교와 서양의 과학 문명을 소개받았다고 한다.

그러나 조선이 천주교와 본격적으로 접촉하게 되는 것은 1784년 이승훈(李承薰)이 북경에서 세례를 받고 귀국하여 포교 활동을 시작하면서부터다. 학자들은 천주교를 처음에는 학문적 관심으로 대하다가 점차 신앙의 대상으로 받아들이게 된다. 이러한 변화는 당시 조선 사회의 법과 제도, 그리고 관습에 반하는 갈등 요인으로 작용한다. 이로써 조선 사회의 전반적인 구조와 가치 체계를 변화시키려고 하는 새로운 세력이 등장하게 된 것이다.

서학의 수용과 사회 변혁에 대한 욕구와 관련해서 당시 상황에 대한 몇 가지 특징을 짚어볼 수 있다. 첫째, 당시 조선은 이미 쇠락할 대로 쇠락해져서 사회 구조의 해체기에 접어들고 있었다. 둘째, 천주교와 서양 학문의 수용 주체가 사회의 지식인 계층이라는 것이다. 다시 말하면 서학과 천주 교리의 전래와 수용 방식이 선교사들이나 외세의 강요에 의한 것이 아니라 조선 지식인의 지적 호기심과 자발적인 노력에 의한 것이라는 사실이다.

천주교의 한글 보급

1880년대에 조선이 폐쇄적인 쇄국에서 개항(開港)으로 정책을 전환함에 따라 정치 · 경제 · 사회 · 문화 등 모든 분야에서 급격한 변화를 가져온다. 특히 이전의 유교 교육은 신학문의 학교 교육으로 탈바꿈하게 된다.

천주교에서도 학교를 설립하여 근대적인 교육을 실시하는데, 1882년 서울 인현동에서 11명의 학생으로 출발한 학교가 오늘날 계성학교의 전신이다. 1883년에는 한한학원(韓漢學院, college chinois)을 세워 한글과 한문을 가르치고, 민족 계몽적인 내용을 가르쳤다. 그 후 1893년(고종 30)에는 전국에 38개의 학교와 376명의 학생이 있었고, 11년 후인 1904년에는 학교 수가 75개, 학생 수는 693명으로 늘어났다. 이런 와중에 천주교는 남녀평등 원리에 입각하여 유교적인 전통 가치관이었던 가부장 사상(家父長思想)과 남존여비 사상(男尊女卑思想)을 타파하는 데 노력하여 여성 교육에도 크게 관심을 쏟았다. 여성들의 실생활을 위해 바느질 · 청소 · 세탁 · 육아 · 자수 · 비단 짜는 법 외에도 한글 · 한문 · 산술(算術) · 역사 · 지리 등을 교육하여 한글 보급에 크게 기여하였다.

천주교는 조선에 전래될 당시부터 한글 발전에 커다란 기여를 하였다. 「십계명가」는 우리나라 최초의 한글로 된 천주가사로, 이승훈(李承

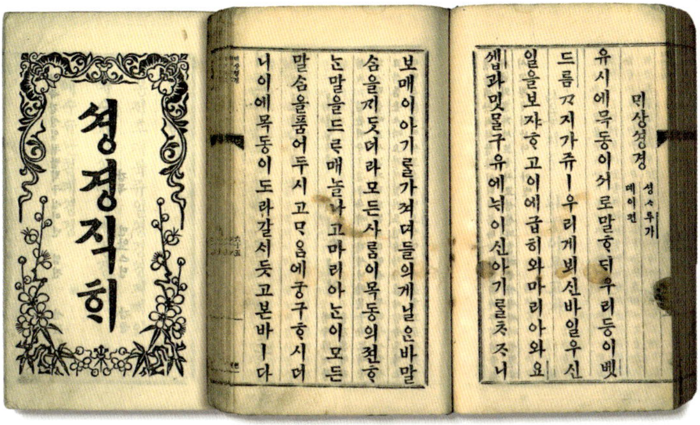

성경직해 1897년, 신연활자본, 대한출판문화협회 소장

薰)의 문집 『만천유고(蔓川遺稿)』에 필사, 수록되어 있다. 이 노래 밑에 "기해년(己亥年, 1779) 12월 주어사에서 강론한 뒤 정약전 · 권상학 · 이총억이 지어 부친 것(己亥 臘月 於走魚寺 講論後 丁巽菴 權公相學 李公寵億 作歌寄之)"이라는 주기(註記)가 달린 것으로 보아 3인의 합작품임을 알 수 있다. 또한 비슷한 시기에 이벽의 「천주공경가」도 만들어져 천주교 신자들에게 한글이 확산되었음을 알 수 있다.

이외에 정약종의 한글 교리서인 『주교요지(主敎要旨)』도 1790년대 말에 간행되어 한글의 보급에 일조한다. 이때에는 한글 번역 성경이 없던 시기였으므로 천주교의 전래 초기에 한글로 된 성경으로서의 역할을 하게 된다. 이후 1880년대에 『누가복음』 · 『요한복음』 등 번역 성경이 나와 한글이 대중적으로 보급되는 효과가 있게 된 것이다.

결론적으로 천주교에서 세운 학교에서는 한글을 가르치고, 성경 등

많은 교리서를 한글로 간행함으로써 천주교가 한글 보급에 큰 공헌을 했다고 볼 수 있다. 비록 목적은 교리 전달에 있었다 하더라도 그와 같은 활동은 한글을 전파하고 문맹을 퇴치하여 우리말과 글을 발전시키는 데 크게 이바지하였다.

동학의 창립

동학은 1860년(철종 11) 4월에 최제우(崔濟愚)가 창도한 종교이다. 동학은 '천주(天主)'를 모시는 것을 기본으로 하고, 국가를 보위하며 백성을 편안하게 한다는 것을 교지로 내세웠다. 동학은 발생한 시점이나 배경이 서학인 천주교가 국내에 전파되고 확산되는 상황에서 만들어졌고 그에 대응한다는 차원에서 동학이라고 명명하였기 때문에 민족적이고 사회적인 성격을 동시에 가지고 있었다. 동학은 1905년에 손병희(孫秉熙)에 의하여 천도교(天道敎)로 개칭되어 오늘에 이르고 있다.

창도 당시 조선의 상황은 외적으로는 서구의 문물이 들어오고 내적으로는 전통적인 유교사상이 무너지면서 탐관오리들이 기승을 부려 안팎으로 대단히 어려운 때였다. 동학은 한울(천주 즉 하느님)에 대한 공경을 바탕으로 개인이 보국안민의 주체가 될 수 있다는 나라 구제의 신앙으로 출발하였다. 제2대 교주인 최시형(崔時亨)에 이르러서는 "사람 섬기기를 한울같이 한다(事人如天)"는 가르침으로 발전하고, 3대 교주인 손병희에 이르르면 "사람이 곧 한울"이라는 '인내천(人乃天)' 사상을 동학의 종지(宗旨)로 선포하게 된다.

동학사상의 중요한 의미는 조선 말기 양반 사회의 해체기에 서민층

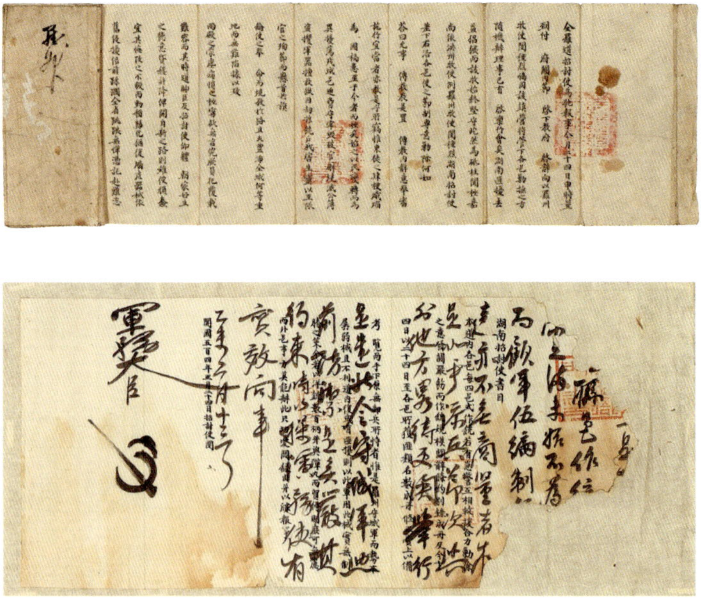

호남초토사 서목의 동학농민운동 보고서 국립중앙박물관 소장

내지는 하층민이면서 문자 생활과 관련이 없었던 농민 대중이 포교의 중심이자 핵심이었다는 데 있다. 즉 동학사상과 동학운동은 집권층인 왕실이나 사대부 계층이 아니라 소외되거나 변방의 역할밖에 할 수 없었던 서민층의 반왕조적인 사회개혁 운동의 성격을 띠고 있었다.

1894년(고종 31) 갑오동학농민운동에 이르러서는 만민 평등의 이념으로 사회개혁운동으로 발전하였고, 1905년 천도교 개칭 이후에도 개화에 적극적으로 참여하였다. 보성학교와[22] 동덕학교[23]를 운영하는 등 학교 경영을 통하여 신교육 운동에 크게 공헌하였다. 이 학교에서는

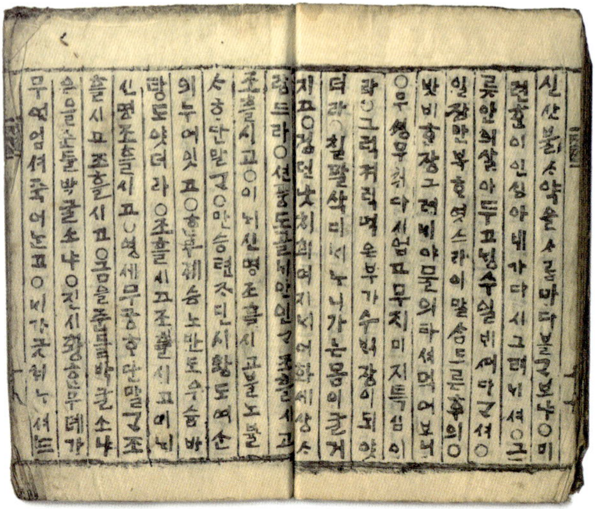

용담유사 1800년대 말, 목판본, 범우사 소장

'국어' 과목에서 한국어를 가르침으로써 한국어와 한글을 보급하는 데 앞장섰다.

『용담유사』

동학의 발전이 한글 보급과 연관성이 있는 것은 동학의 포교집인 『용담유사』가 한글로 작성되었던 것과 관련이 깊다. 『용담유사』는 한문으로 된 『동경대전(東經大全)』과 더불어 동학의 기본 경전으로 최제

22) 1906년 8월 이용익(李容翊)이 설립한 사립 학교로 1910년에 천도교의 손병희(孫秉熙)가 경영권을 인수함.

23) 1908년 순수 민간인에 의해 설립된 최초의 여학교.

우가 한글 가사(歌辭)로 1860년(철종 11)에서 1863년에 걸쳐 만들었다. 내용은 용담가(龍潭歌) · 안심가(安心歌) · 교훈가(敎訓歌) · 몽중노소문답가(夢中老少問答歌) · 도수사(道修詞) · 권학가(勸學歌) · 도덕가(道德歌) · 흥비가(興比歌) · 검결(劍訣)의 9편으로 이루어져 있다. 서학과 마찬가지로 동학도 신자나 포교의 대상이 농민층을 포함한 서민층이었기 때문에 한글 가사 형식으로 포교집을 만든 것이다. 그 목적이야 어찌 되었든 동학의 교세 확장과 함께 한글이 서민들의 삶 속으로 깊이 파고들어 그 일부가 된 것을 짐작할 수 있다.

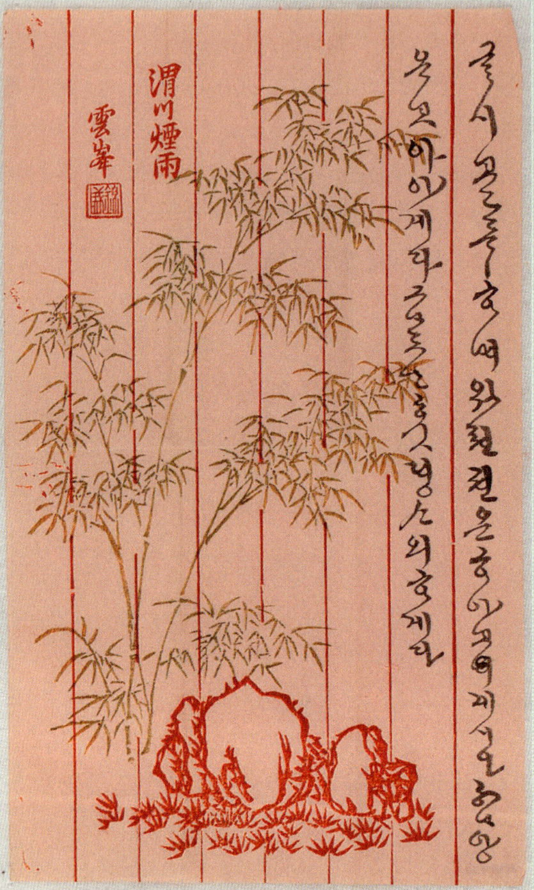

명성황후 한글 편지 국립고궁박물관 소장

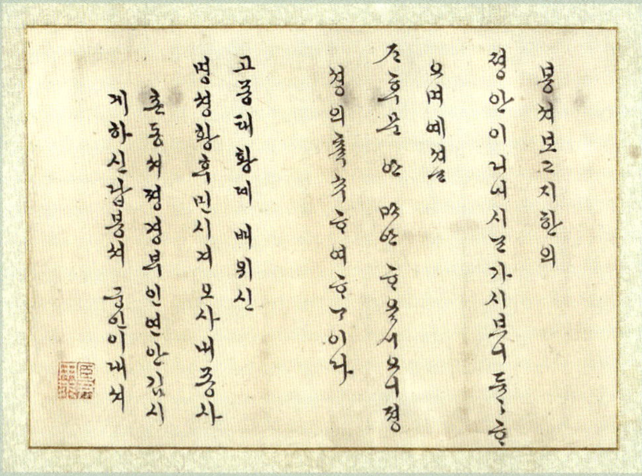

명성황후 봉서 국립고궁박물관 소장

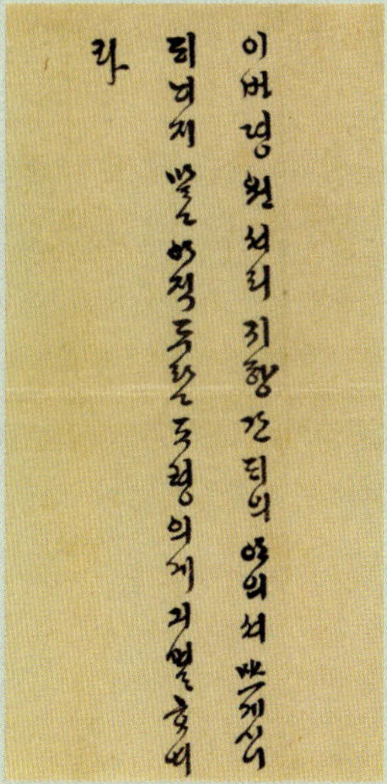

상궁 한글 편지 국립고궁박물관 소장

2. 문자 생활의 혁신

국문 위주의 문자 생활

1870년대 조선은 외국과 조약을 체결하고 문호를 개방한다. 그 결과 외국의 문물과 제도가 물밀 듯이 들어오고, 그것을 본받아 새로운 사회를 건설하려는 노력이 싹트게 된다. 그 선봉에 서는 것이 언론의 창간과 대중화였고, 또 하나는 근대식 학교 교육의 정립이었다. 1886년에 창간된 『한성주보』는 국한문 혼용체를 사용하였고, 1894년의 갑오경장 이후에는 정부에서 제작하는 각종 공문서와 관보에서 국한문을 혼용해서 쓰기 시작했다. 1895년에 간행된 개화기 국어교과서 『국민소학독본(國民小學讀本)』에는 국한문 혼용체를 사용하였고, 그 이후에 만들어진 중학교 교과서들에는 국문이 중심이 되었다. 정부 예산의 지원을 받아 서재필 등이 1896년에 창간한 『독립신문』은 아예 순한글로 간행되었다.

따라서 한문을 위주로 하고, 이두를 사용하던 공공기관의 문자 생활은 국한문 혼용으로 나아갔고, 일부 민간에서는 한글 전용을 함으로써 우리 민족의 문자 생활에 일대 변혁을 가져온다.

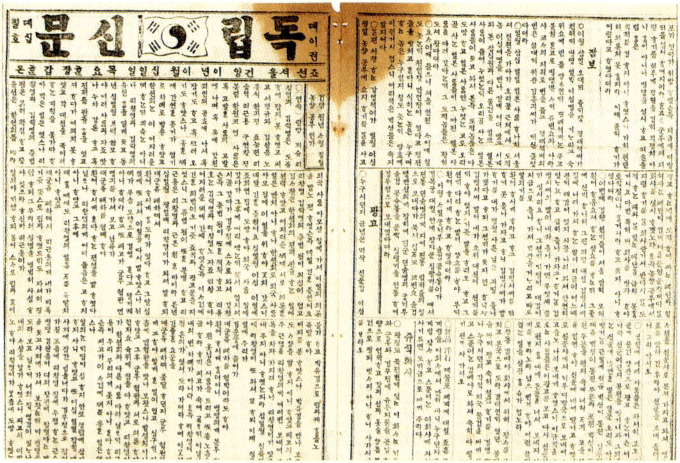
독립신문

독립신문 국립중앙박물관 소장

『독립신문』

1896년 4월 7일에 민간인에 의해 창간된 최초의 근대적인 신문이다. 서재필 · 주시경 등은 신문사를 운영하면서 한글 전용을 실시하고 띄어쓰기를 단행하여 대한제국 말기에 간행된 여러 민간 신문들의 표기에 결정적인 영향을 미쳤다. 그러나 계몽적, 혁신적 논조로 정부의 탄압을 받게 되어 『독립신문』은 급기야 1899년 12월 4일자로 종간호를 내게 된다. 현재 신문의 날로 정해진 4월 7일은 『독립신문』의 창간일이다.

신소설

'신소설'이란 19세기 말에서 20세기 초에 출현한 소설을 말한다. 신소설 발생의 원인으로는 1894년의 갑오경장 · 동학혁명 등으로 변화된 삶의 양식, 중산층 부녀자들 위주의 독자층 확보, 민간 신문 출현에 의한 지면 확대, 내재적인 전통의 축적과 외국 문학의 영향을 들 수 있다. 내용은 주로 정치 · 사회제도 및 풍속의 개혁, 새로운 교육관, 여성의 자유와 사회 · 문화적 평등, 과학적 세계관 등을 강조하는 목적론적 성격이 강했다. 신소설의 한글 보급 효과에 대해서는 당시 상황과 관련한 다음의 글을 보면 알 수 있다.

> 1895년에 간행된 유길준(俞吉濬)의 『서유견문(西遊見聞)』이나 당시의 신문들, 그리고 번역물에서 국한문혼용체가 쓰여지면서 이들은 국어 운동 실시와 독서층 확대에 결정적인 구실을 하였다.
>
> 특히, 이 당시 신문들은 국한문혼용체의 문장을 선구적으로 사용함으로써 국어 보급 운동의 선봉이 되었거니와, 『만세보(萬歲報)』에 게재된 이인직(李人稙)의 「혈(血)의 누(淚)」처럼 이들 신문에 실린 신소설들 역시 그러한 구실을 담당하게 되었다. 따라서, 이 시기의 국한문혼용체의 문장과 신문과 신소설은 새로운 문화의 전달과 소통의 매체로서 긴밀한 관계를 맺고 있었고, 신문의 독자와 신소설의 독자 또한 밀접한 관계를 형성하였다.
>
> 그러나 신소설의 발생 요인 가운데 가장 직접적인 것은 그 당시에 수입된 새로운 문물과 지식을 보급하려는 우리의 문화적 의지와 관계되어 있다.

국어 교과서의 편찬

1894년 갑오개혁으로 새로운 교육제도에 의한 새로운 교과목과 거기에 담을 내용이 필요하게 되었다. 당시의 서당식 교육에서는 『천자문』 등 한문을 중심으로 유교 경전이나 사기 등을 가르쳤으므로 독자적이고 자주적인 민족 교육이나 과학 · 수학 · 실업 등 실용 위주의 교육을 할 수 없는 형편이었다.

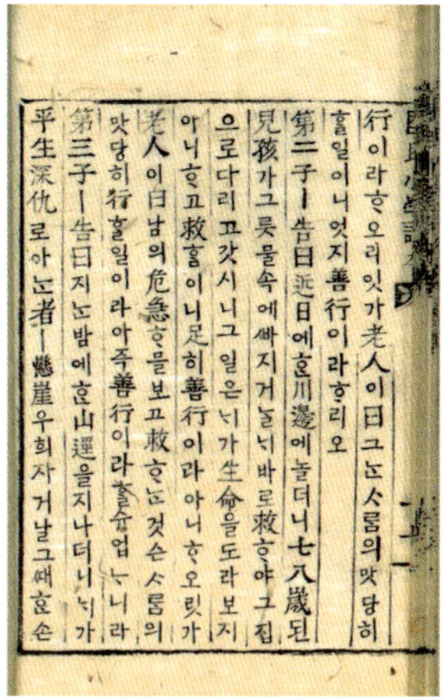
行이라ᄒᆞ오리잇가老人이曰그ᄂᆞᆫᄉᆞᄅᆞᆷ의맛당히
ᄒᆞᆯ일이니엇지善行이라ᄒᆞ리오
第二子ㅣ告曰近日에ᄒᆞᆫ川邊에놀더니七八歲된
兒孩가그릇물속에ᄡᅡ지거ᄂᆞᆯ내바로救ᄒᆞ야그집
으로다리고갓시니그일은내가生命을도라보지
아니ᄒᆞ고救ᄒᆞᆷ이니足히善行이라아니ᄒᆞ오릿가
老人이曰남의危急ᄒᆞᆷ을보고救ᄒᆞᄂᆞᆫ것슨ᄉᆞᄅᆞᆷ의
맛당히行ᄒᆞᆯ일이라아조善行이라ᄒᆞᆯ슈업ᄂᆞ니라
第三子ㅣ告曰지ᄂᆞᆫ밤에ᄒᆞᆫ山逕을지나더니내가
平生深仇로아ᄂᆞᆫ者ㅣ懸崖우희자거ᄂᆞᆯ그ᄯᅢᄒᆞᆫ손

국민소학독본
1895년, 목활자본, 범우사 소장

한문 교육에서 탈피하고, 새로운 학문을 배워 부국강병의 길로 나아가기 위해서는 우리 것에 대한 인식을 새로이 할 필요가 있었고, 신학문을 배우기 위한 전제 조건으로 표기 수단을 정비할 필요성이 대두됐다. 이를 위해 우선적으로 해야 할 것은 국어 교과서의 편찬이었다. 당시 학부에서는 이러한 사정을 감안하여 1895년에 『국민소학독본』이라는 신교육용 국어 교과서를 편찬하였다. 이 『국민소학독본』은 국한문 혼용체를 사용하고 있는데, 한 부분을 보면 다음과 같다.

> 우리大朝鮮은 亞細亞洲中의一王國이라 ……… 吾等은如此ᄒᆞᆫ나라에生ᄒᆞ야今日에와셔 世界萬國과修好通商ᄒᆞ야富强을닷토ᄂᆞᆫᄯᅢ에當ᄒᆞ얏시니………

이 책의 내용은 초보자가 배우기에는 매우 어렵게 되었을 뿐만 아니라, 당시의 시대 상황과도 맞지 않아 이후에 설립된 사립학교에서는 민족정신과 자주정신을 고취시키는 교과서를 각자 편찬하였다.

그러나 을사조약 이후 일본 정부는 학부의 주도로 민족정신의 함양이나 자주정신을 고취시키는 내용을 삭제하고 교과서를 다시 편찬하게 하였다. 이때 나온 국어 교과서가 『국어독본』인데, 권1의 순서는 우선 자모를 순서대로 제시하고, 제1과부터 제7과까지는 그림과 한글 이름을 주고 한글을 익히게 한다. 제8과에서 제11과까지는 간단한 단어나 구를 익히게 한다. 그리고 제12과에서부터 간단한 문장을 시작으로 구문을 익히게 한다. 그리고 제45과에서는 제법 긴 문장으로 공부하게 하고, 마지막으로 한글의 음절을 보임으로써 1권을 끝맺는다. 『국어독본』 권1은 한글 전용으로 표기되어 있는데, 그 표기법은 현재의 것과 사뭇 다르다. 제23과를 예로 들면 다음과 같다(원문 그대로의 행 구분과 띄어쓰기이다).

> 란쵸도향긔가됴타。
>
> 란쵸ᄭᅩᆺ츤ᄌᆞ지빗치다。
>
> 파쵸입흔크기가키갓다。
>
> 소나무ᄂᆞᆫ뎡ᄌᆞ갓다。
>
> 바들가지ᄂᆞᆫ느러졋다。

이러한 상황에서 국가의 장래를 걱정하는 사람들 중 국어와 관련있는 인사들이 우선으로 해야 할 일은 문어와 구어를 일치시키면서 표기법을 통일하는 것이었고, 자주정신과 독립 정신을 고양시키는 일이었다. 다시 말해 언어와 문자를 통해 민족의 정체성을 확립하고, 이를 위한 기초가 국어의 본질을 밝히는 작업이었다.

철자법의 정비

문법 연구의 시작

철자법을 정비하려는 실용적인 목적과 함께, 국어의 본질을 밝히기 위한 작업으로 국어 문법[24]을 기술하는 작업이 이 때부터 시작된다. 이 때의 문법 기술이란 국어 정책과 국어 교육을 위한 것에서 출발하여 국어학을 기술하기 위한 것으로 나아갔다. 무엇보다도 이 시대의 국어학이 갖는 국어학사적인 의의는 국어에 대한 시각을 확대하고, 전통 문법의 터전을 확립했다는 사실이다.

최초의 국어 문법서라고 할 수 있는 유길준의 『조선문전』의 내용은 품사론과 문장론 위주였다. 그리고 주시경의 『국어문법』(1910)에 이르면 '음운(문자), 형태(품사), 구문'을 구분하여 논의하는 종합적인 문법서로 나타난다. 음운론, 형태론, 통사론을 기술하는 이러한 방식은 이후 국어 문법서 기술의 전통이 된다.

지석영의 「신정국문」

우리나라 최초의 관립 의학교 교장이면서 최초로 종두법을 실시했던 지석영(池錫永)은 당시 널리 사용하고 있던 '·'를 없애고, 새로이 '='를 창제하는 것을 골자로 하는 개혁적인 맞춤법 통일안을 마련하여 이를 고종황제에게 상소하였다. 이 문서는 당시 참정대신 심상훈(沈相薰)과 학부대신 민영철(閔泳喆)이 황제에게 올려 1905년 7월 19

24) 여기서의 '국어 문법'이란 국어의 음운 · 통사 · 어휘 등 국어의 제반 현상에 대한 법칙을 의미하는데, 다루는 영역은 국어학의 발전 내지는 국어에 대한 인식의 변화에 따라 달라지게 된다.

학부 관인 대한제국, 국립중앙박물관 소장

일에 결재가 나 '신정국문(新訂國文)'이란 이름으로 공포되었다. 그러나 전문가의 검토도 거치지 않은 한 개인의 안이 갑자기 실시되자 학식가들의 반대가 적지 않았다. 1906년에는 이능화(李能和)가 「국문일정의견」을 학부에 제출하는 상황까지 벌어지자 이를 시정할 방안으로 학부 내에 국문연구소를 설치하게 된다.

국문연구소

국문연구소는 1907년 국어 표기법 문제를 해결하기 위해 대한제국의 학부에 개설된 한글 연구 기관이다. 이 연구소의 설립 과정에 대해서는 「국문연구의정안」을 제출하는 보고서의 앞 부분에 나오는데, 그것을 현대어로 옮기면 다음과 같다.

본 연구소는 광무 11년(1907) 7월 8일에 학부대신 이재곤의 청의로 내각의 회의를 거쳐 내각총리대신 이완용, 학부대신 이재곤이 임금께 말씀을 올리고 재가를 받아 학부내에 개설함.

설립 당시의 직원은 모두 9명이었는데, 일본인 간사 · 서기 등을 제외한 연구원의 숫자는 6명이었다는 사실도 보고서 앞 부분에 나온다.

직원은 광무 11년 7월 12일에 학부 학무국장 윤치오는 위원장으로, 학부 편집국장 장헌식, 관립한성법어학교장 이능화, 정삼품 현은, 내부서기관 권보상, 주시경, 학무사무관 우에무라는 위원으로 임명받고, 학부 시학관 유기영은 간사로, 학부 주사 백만석은 서기로 인사 명령을 받고………

국문연구소의 활동 기한이 3년이고 모두 23회 회의를 한 내용도 보고서의 앞 부분에 실려 있다.

개회는 원년(융희 원년 1907) 9월 16일에 시작하여 3년(1909) 12월 27일에 끝내어 23회인바 원년에 5회, 2년에 12회, 3년에 6회로 하였음.

국문연구소의 사업은 국문의 원리, 연혁, 현재 행용(行用)과 장래 발전 등을 연구하는 것을 목적으로 하고 국문 전체 중 연구할 만한 과제 10가지를 제출한다. 과제 10가지는 다음과 같다.

1. 국문의 연원과 국문 자체 및 발음의 연혁
2. 초성 가운데 'ㆁ, ㆆ, ㅿ, ◇, ㅱ, ㅸ, ㆄ, ㅹ'를 쓸지 여부
3. 초성의 된소리 표기를 'ㄲ, ㄸ, ㅃ, ㅆ, ㅉ, ㆅ' 등으로 정할지 여부
4. 중성 가운데 'ㆍ'를 폐지할 것인지 '=' 를 창제할 것인지 여부
5. 종성의 'ㄷ, ㅅ'의 용법 및 'ㅈ, ㅊ, ㅋ, ㅌ, ㅍ, ㅎ' 등의 6자를 종성에 통용할지 여부
6. 자모의 7음과 청탁의 구별 문제
7. 사성표를 사용할지 여부와 국어 음의 고저를 표기할지 여부
8. 한글 자모의 명칭을 정하는 문제
9. 자순, 행순을 정하는 문제
10. 철자법

이러한 주제에 관해 당시 국문연구소의 활동에 관여했던 인사들이 그 의견을 정리하여 「국문연구의정안」을 제출하지만, 이때는 이미 국운이 기울어서 제 역할을 다하지 못하게 된다.

보통학교용 언문철자법(1912. 4.)

합병 직후에 조선총독부에서는 세 차례에 걸쳐 한글 표기법을 제정 혹은 개정하는 작업을 한다. 조선총독부 학무국에서 위원을 선정하여 1911년 7월부터 11월까지 5개월의 회의를 거쳐 학교 교육을 위한 맞춤법을 제정하여 공표하였다. 공식적인 맞춤법 규정으로는 지석영의 「신정국문」에 이어 두 번째이고, 여러 학자들의 논의를 거친 최초의 규범이 되는 셈이다. 이 표기법의 원칙은 첫째, 서울말을 표준으로 하고, 둘째, 역사적 표기법을 피하고, 즉 현재를 기준으로 하고, 셋째, 표음

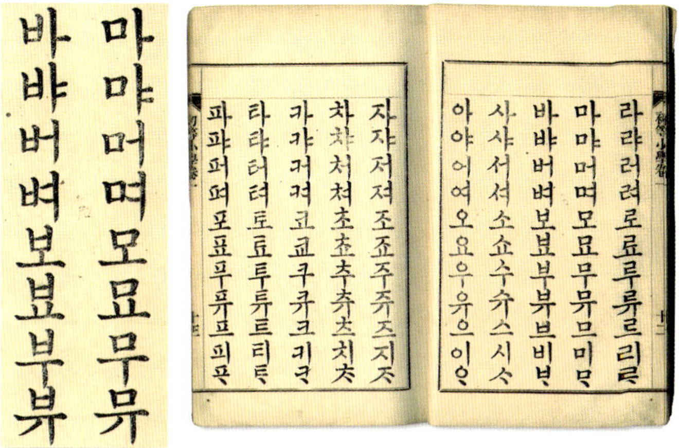

초등소학 권1 1907년, 신연활자본, 대한출판문화협회 소장

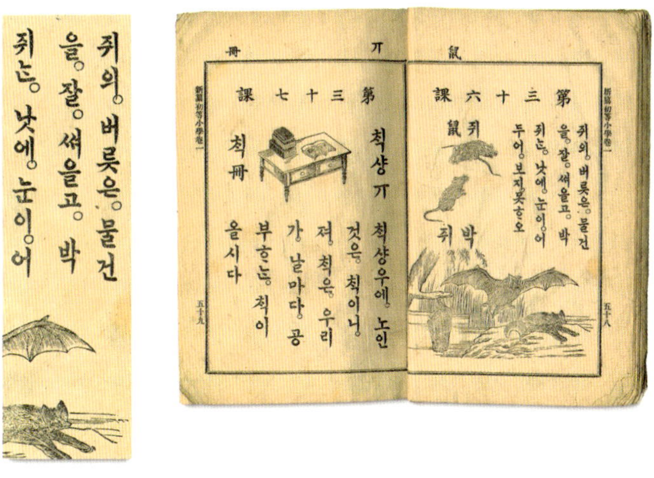

신찬 초등소학 권1 1909년, 신연활자본, 삼성출판박물관 소장

주의에 따른다는 것이었다. 표기법을 위한 대강의 원칙이 처음으로 만들어진 셈이다.

그 결과, 현재 서울말을 기준으로 고유어의 표기에서 'ㆍ'를 폐지하고 '댜, 뎌, 됴, 듀'를 '자, 저, 조, 주'로 표기하였다. 그러나 한자음의 표기에서는 역사적 표기법이 채택되어 '댜, 뎌, 됴, 듀' 등이 이전대로 표기되고, 된소리의 표기도 이전에 해오던 관용에 따라 'ㅼ, ㅺ, ㅽ' 등을 그대로 사용하였다. 표음주의 표기와 어휘형태소와 문법형태소의 구분이 어정쩡하게 혼합되어, 종성의 7자음 표기와 분철 표기가 다소 혼란스럽게 나타나기도 하였다.

그래서 이 맞춤법에 대한 개정 논의가 일어나고 이를 수용한 학무국에서 다시 위원들을 위촉하여 1921년 3월에 「보통학교용 언문철자법대요(普通學校用諺文綴字法大要)」를 공표하게 된다. 그러나 그 내용은 1912년의 규정과 대체로 같고 다만 받침으로 7종성 이외의 것을 사용할 것인가에 대한 문제를 제기한 정도였다.

「언문철자법」

약 10년 뒤인 1930년 2월에, 제1차 조사회(1928.9.~1929.1.)와 제2차 조사회(1929.5.~7.)의 심의를 거쳐 조선총독부 학무국에서는 「언문철자법」을 공표하게 된다. 여기에서는 「보통학교용 언문철자법대요」에서 채택하였던 표기법의 원칙 중 "첫째, 서울말을 표준으로 하고, 둘째, 역사적 표기법을 피하고 즉 현재를 기준으로 하고" 등의 원칙을 좀더 철저하게 지키고, "셋째, 표음주의에 따른다"는 원칙은 폐기하게 된다. 그래서 몇몇 받침('ㅋ, ㅎ, ㅆ' 등)을 제외한 모든 받침을 현행 맞춤법과 같이 사용하도록 하고, 한자음의 표기까지 역사적 표기법을 버

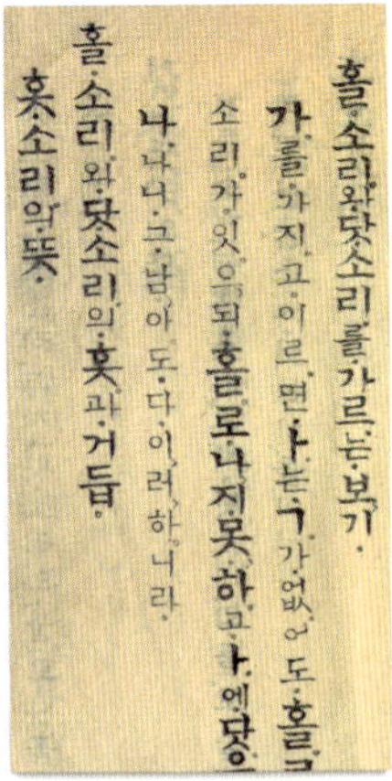
홀·소리와·닷소리를·가르는·보기·
가를·나지·고·이르·면·ㅏ는·ㄱ가·없어·도·홀ㄹ
소리·가·잇·으되·홀로·나지·못·하고·ㅏ·에·닿
나·나니·그·남·아·도·다·이러·하·니라·
홀·소리·와·닷소리·의·홋·과·거듭·
홋·소리·의·뜻·

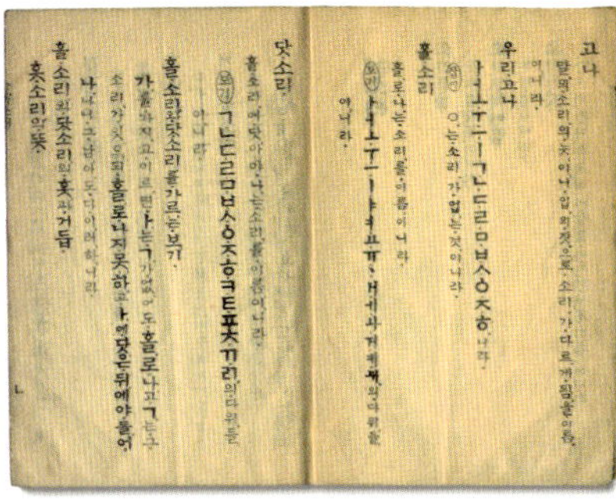

말의 소리 주시경 저, 1914년, 석인본, 범우사 소장

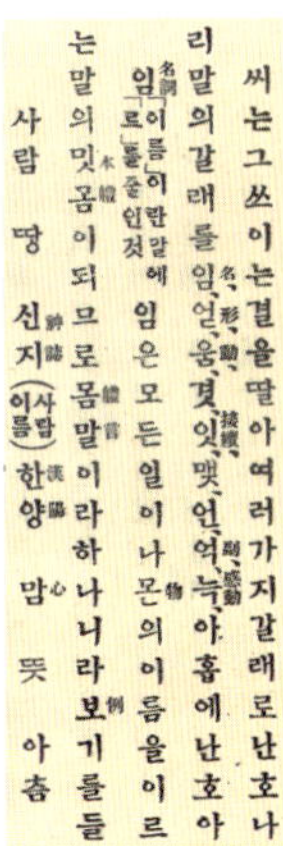
씨는 그 쓰이는 결을 딸아 여러가지 갈래로 난호나
리 말의 갈래를 임, 얻, 움, 겻, 잇, 맺, 언, 억, 늑, 야 홈에 난호아
임이름이란말에 임은 모든 일이나 몬의 이름을 이르
는 말의 밋몸이 되므로 몸말이라 하나니라 보기를 들
사람 땅 신 지 한 양 맘 뜻 아츰

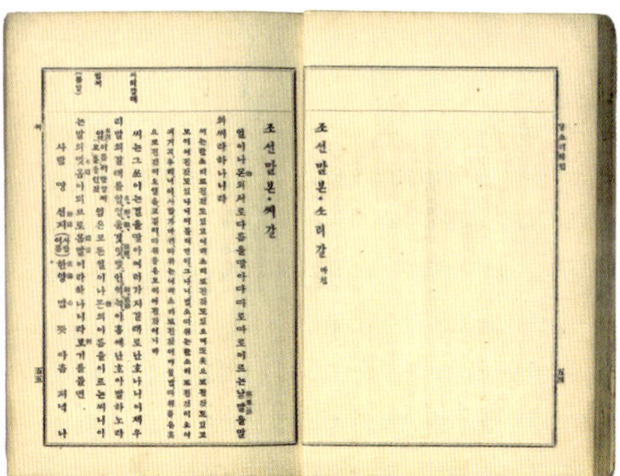

조선말본 김두봉 저, 1916년, 신연활자본, 범우사 소장

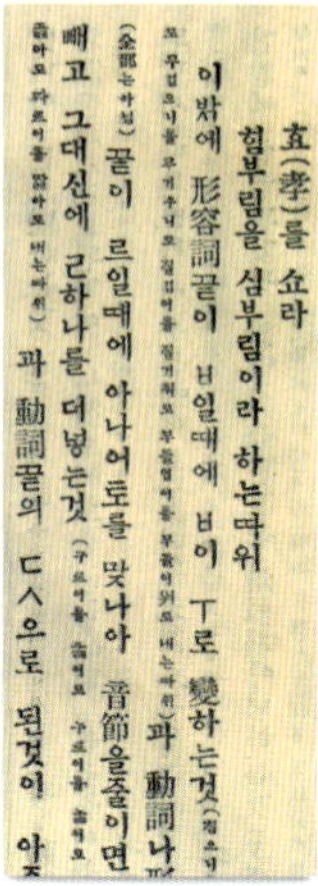

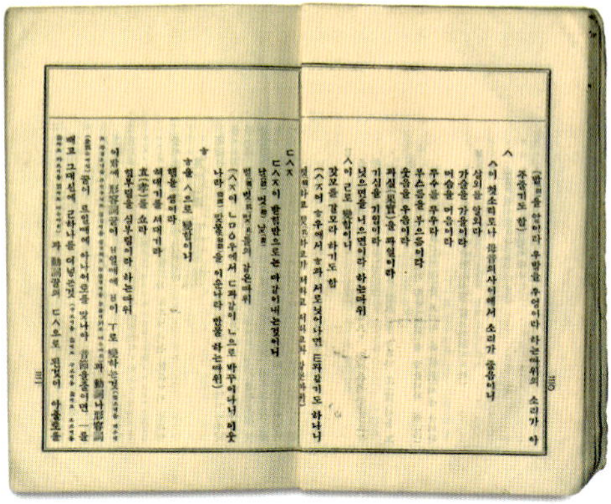

조선어문경위 권덕규 저, 1923년, 범우사 소장

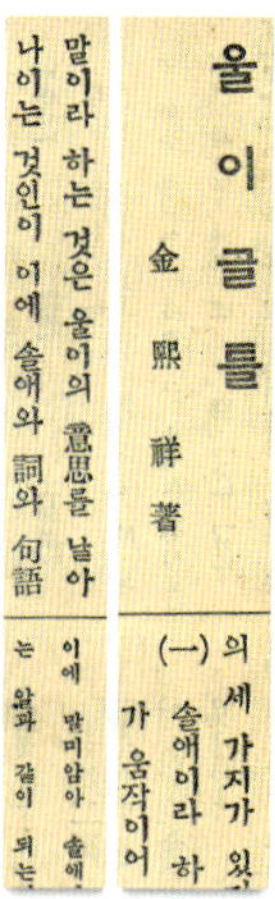

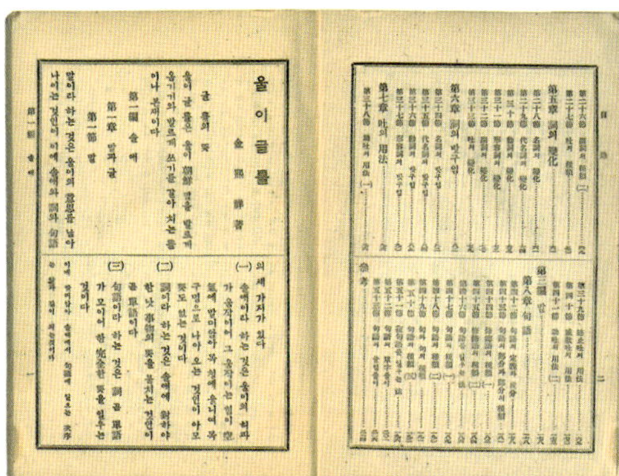

울이글틀 김희상 편저, 1927년, 신연활자본, 범우사 소장

리고 당시의 발음대로 적도록 하였다. 특히 당시 학계에서 크게 논란이 되었던 된소리의 표기는 종래 해오던 'ㅅ' 계 합용병서 표기를 버리고 'ㄲ, ㄸ, ㅃ, ㅆ, ㅉ' 등 각자병서로 표기하도록 하였다.

결과적으로 조선총독부의 「언문철자법」은 몇 년 뒤에 나타나는 「한글맞춤법통일안」과 비슷한 내용이 되는데, 이것은 「한글맞춤법통일안」의 제정에 결정적인 역할을 한 학자들이 참여했기 때문이다. 「언문철자법」 개정의 이유에서 밝힌 바와 같이 이 맞춤법은 당시 사회에서 쓰이는 맞춤법을 통일하고자 한 것이고, 이러한 성격은 후에 「한글맞춤법통일안」을 만드는 이유와 대동소이했다.

한글맞춤법(통일안)의 제정

「한글마춤법통일안」은 당시 맞춤법에 대한 학자들의 다양한 의견을 수렴하여 1933년에 조선어학회(지금의 한글학회)가 제정 · 공표한 우리나라 어문 규정에 관한 통일안이다. 우리말의 표기에 대한 규칙을 체계적으로 정리한 것으로, 총론 · 각론 · 부록과 함께 모두 65항으로 되어 있다. 1930년 12월 13일 조선어학회 총회의 결의에 따라 한글맞춤법을 통일하기 위한 제정위원을 뽑아 통일안을 제정하고, 그 후 수차례 수정 검토 작업을 한 후 1933년의 한글 반포 487돌을 기념하여 발표하였다.

발표문은 '머리말, 총론, 각론'으로 구성되고, 각론의 제1장에서는 한글 자모의 수와 명칭, 제2장에서는 소리에 관한 것(된소리, ㄹ, 구개음화, ㄷ받침소리), 제3장에서는 문법에 관한 것(체언과 토의 표기, 어간과 어미의 표기, 규칙용언과 변칙용언, 받침, 어원 표시 문제, 품사 합성과 접두사) 등에 관한 문제를 다루었다. 제4장에서는 한자어를 따로 다루고 이어 약어, 외래어 표기, 띄어쓰기 등을 다루었다.

머리말에는 조선어학회에서 「한글마춤법통일안」을 제정함에 있어서의 경과 사항이 적혀 있다. 1930년에 출발하여 1932년에 원안을 만들었고, 위원은 권덕규 · 김윤경 · 박현식 · 신명균 · 이극로 · 이병기 · 이윤재 · 이희승 · 장지영 · 정열모 · 정인섭 · 최현배 등 12명이다. 그 후 김선기 · 이갑 · 이만규 · 이상춘 · 이세정 · 이탁 등을 증선하여 모두 18인의 위원으로 수정 작업을 하였고, 다시 수정위원 10인(권덕규 · 김선기 · 김윤경 · 신명균 · 이극로 · 이윤재 · 이희승 · 장지영 · 정인섭 · 최현배)을 선정하여 수정 작업을 한 후, 1933년 10월 19일 전체회의를 열어 통과시켰다는 내용이다.

머리말에는 한글맞춤법 통일안을 만들기 위해 3년에 걸쳐 연인원 수십 명이 동원되어 125회 회의를 거쳐 완성했다는 내용이 담겨 있다. 그 내용은 다음과 같다.

> 본회는 한글마춤법통일안을 제정하야, 이에 일반 사회에 발표한다.
>
> 이 통일안이 이루어짐에 대하야 그 경과의 개략을 말하면, 1930년 12월 13일 본회 총회의 결의로 한글마춤법의 통일안을 제정하기로 되어, 처음에 위원 12인(권덕규 · 김윤경 · 박현식 · 신명균 · 이극로 · 이병기 · 이윤재 · 이희승 · 장지영 · 정열모 · 정인섭 · 최현배)으로써 2개년간 심의를 거듭하야 1932년 12월에 이르러 마춤법 원안의 작성을 마치었다. 그러고, 또 위원 6인(김선기 · 이갑 · 이만규 · 이상춘 · 이세정 · 이탁)을 증선하야 모두 18인의 위원으로써 개성에서 회의(1932년 12월 25일~1933년 1월 4일)를 열어 그 원안을 축조토의하야 제1독회를 마치고, 이를 다시 수정하기 위하야 수정위원 10인(권덕규 · 김선기 ·

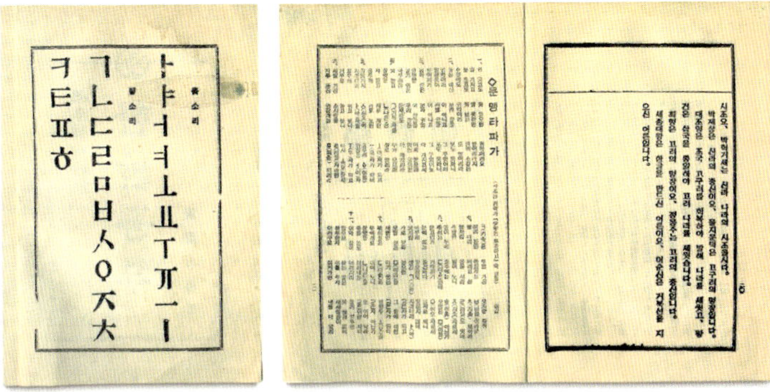

한글공부 이윤재 저, 1933년, 신연활자본, 범우사 소장

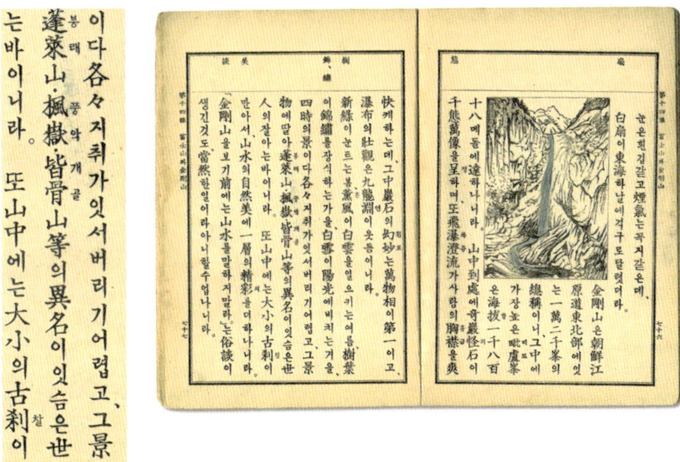

조선어독본 권6 신연활자본, 1935년, 삼성출판박물관 소장

김윤경 · 신명균 · 이극로 · 이윤재 · 이희승 · 장지영 · 정인섭 · 최현배)에게 맡기었다. 그 후 6개월을 지나 대체의 수정이 끝났으므로, 또 위원 전체로써 다시 화계사에서 회의(1933년 7월 25일~8월 3일)를 열어 그 수정안을 다시 검토하야 제2독회를 마치고, 또 이를 전체적으로 정리하기 위하야 정리위원 9인(권덕규 · 김선기 · 김윤경 · 신명균 · 이극로 · 이윤재 · 이희승 · 정인섭 · 최현배)에게 맡기어 최종의 정리가 다 마치었으며, 본년 10월 19일 본회 임시총회를 거치어 이를 시행하기로 결의되니, 이로써 이 한글마춤법통일안이 비로소 완성을 고하게 되었다.

이와 같이 이 통일안이 완성하기까지에 3개년의 시일을 걸치어, 125회의 회의가 있었으며, 그 소요의 시간수로는 실로 433시간이란 적지 아니한 시간에 마치었으니, 과연 문자 정리란 그리 용이한 일이 아님을 알겠다. 우리는 이렇듯 가장 엄정한 태도와 가장 신중한 처리로써 끝까지 최선의 노력을 다하야 이제 이 통일안을 만들어서 우리 민중의 앞에 내어 놓기를 주저하지 아니하는 바이다. 그러나 이것이 다만 오늘날까지 혼란하게 써오던 우리글을 한번 정리하는 첫 시험으로 아나니, 여기에는 또한 불비한 점이 아주 없으리라고 스스로 단정하기 어려울 것이다. 더구나 시대의 진보로 여러가지 학술이 날로 달라감을 따라 이 한글에 있어서도 그 영향이 없지 아니할 것이다. 그러므로 본회는 앞으로 더욱 이에 유의를 더하고저 하는 것이니, 일반 사회에서도 때로 많은 가르침이 있기를 바란다.

끝으로 이 통일안이 완성함에 이르기까지 정신적 내지 물질적으로 많은 성원과 두터운 양조를 주신 경향 유지인사에게, 특히 공탁 · 송진우 · 김성수 기타 제씨와 각 보도기관 및 한성도서주식회사에 대하야 깊이 감사의 뜻을 표한다.

한글 반포 제487회 기념일

조선어학회

「한글마춤법통일안」의 총론은 다음과 같다.

총 론

1. 한글마춤법(綴字法)은 표준말을 그 소리대로 적되, 어법에 맞도록 함으로써 원칙을 삼는다.

2. 표준말은 대체로 현재 중류사회에서 쓰는 서울말로 한다.

3. 문장의 각 단어는 띄어쓰되, 토는 그 웃말에 붙여 쓴다.

위에 의하면 한글맞춤법은 그 대상을 한국어의 표준말에 대한 규정이고, 그 원칙은 소리와 표기를 일치시킨다는 것이고, 어원을 밝히는 경우와 소리나는 대로 적는 경우의 구분은 '어법에 맞도록' 한다는 것이다.[25] 표준말의 범위는 시간적으로 현재, 계층적으로 중류, 지역적으로 서울을 원칙으로 하되 예외를 둘 수 있다(대체로)고 했다. 그리고 띄어쓰기는 단어별로 한다는 규칙을 세우고, 토는 독립된 품사로 인정하되 붙여 쓴다고 규정하고 있다.

25) 이를 현대 언어적인 표현으로 바꾸면 공시적인 규칙으로 설명할 수 있는 것은 기저형을 밝혀 적고, 과거의 역사적인 규칙에 의한 것이어서 현대의 공시적인 규칙으로 설명할 수 없는 것은 소리나는 대로 적는다는 것이다.

대한제국 황제의 인장 19세기, 국립중앙박물관 소장

3. 국가의 멸망과 한글의 위기

1910년 대한제국을 강제 점령한 일본은 1945년 패망할 때까지 조선 통치를 위해 때로는 유화 정책을, 때로는 강압 정책을 번갈아 폈다. 하지만 말기에 가면 세계사에서 유례를 찾아볼 수 없는 언어 말살 정책을 펼친다. 일제는 1931년 만주사변을 일으킨 후 조선 민족에 대한 압박과 탄압을 한층 강화해 나갔다. 1936년에는 「조선사상범보호관찰령」을 공포하여 일제에 반대하는 지식인들을 검거하고 사상범을 감시하는 정책을 폈다.

일본이 대외 침략전쟁을 일으킨 1940년대에는 아예 조선 민족 자체를 없애려는 정책을 펼치게 된다. 황국신민화정책을 추진하여 조선인의 정신을 말살하기 위해 한편으로는 성과 이름을 일본식으로 바꾸는 창씨개명을 추진하고, 또 한편으로는 아예 한국어를 사용하지 못하게 하였다. 즉 학교 교육에서 조선어 교육을 폐지하고, 일본어로만 강의할 뿐 아니라 학교 생활에서도 일본어만 쓰도록 강제하였다.

조선총독부(朝鮮總督府)

조선총독부는 일본이 대한제국(조선)을 멸망시키고 조선인을 통치하기 위해 설치한 일본의 행정기관이다. 1910년 10월 1일 한일 병합 조약 체결일부터 1945년 9월 2일 한반도에 미군과 소련군이 주둔하기 전까지 존속하였다.

조선총독부는 1905년(광무 8)에 생긴 한국통감부(韓國統監府)를 전신으로 하여 1910년에 설치되었다. 초대 총독인 데라우치 마사타케(寺內正毅)를 시작으로 제9대 아베 노부유키(阿部信行)까지 육군대장 혹은 해군대장이 취임하였다. 1914년 3월 1일 조선총독부령 제111호(1913.12.29. 공포)에 의해 지방 행정 조직을 개편하면서 식민 지배를 본격적으로 실시하였다. 제2차 세계 대전에서의 패전(1945.08.10) 이후에도 5일간 한반도 지역을 공식 통치하였고, 1945년 9월 3일자로 38선 이남 지역을 미군정이 인계할 때까지 한반도를 통치하였다.

민족 말살 정책(民族抹殺政策)

1910년 조선을 병합한 일본은 1945년 패망할 때까지 때로는 유화 정책을, 때로는 강압 정책을 펼쳤지만 기본적인 정책 방향은 조선 민족의 말살이었다. 조선 민족 말살 정책은 조선총독부의 「조선교육령」에서부터 출발한다. 조선총독부는 1911년 8월 제1차 「조선교육령」을 제정 공포하여 한반도에 식민지 교육을 강화하였고, 1919년 3 · 1운동 이후 개정된 제2차 「조선교육령」에서는 사이토(齋藤實) 총독의 이른바 '문화정치'로 유화적인 정책을 표방하기도 하였다. 그러나 조선인의 '황국 신민화'를 보다 철저하게 추진하기 위해 1938년에 제3차 「조선교육령」을 공포하여 일본사 · 일본어 등 일본에 관련된 과목을 필수로 지정하고 조선어 등은 선택과목으로 강등하여 배우지 않아도 되는 과목으로 전락시켰다. 1943년 3월 공표된 제4차 「조선교육령」에서는 '황국의 도에 따른 국민연성'을 교육의 주목적으로 하고, 학생과 학교를 전쟁 준비 기구 내지는 기관화하였다.

조선총독부는 내선 일체, 황국 신민화를 강화하기 위해 일본어 사용을 강요하고, '일한양어동계론(日韓兩語同系論)'으로 이론적 합리성을 찾으려고 하였다. 일본어를 확산시키고 조선어를 없애기 위해 1937년 2월 내무국장이던 오다케(大竹十郎)는 각급 관청에서 조선어 통역을 폐지하고 일어만을 사용하게 하였다. 이러한 언어의 통제 외에 1938년 7월에는 용지 절약을 이유로 조선어로 된 도서의 통제를 강화하여 회보 · 선전지 · 기관지 등 각종 조선어 출판물을 통합, 폐간 혹은 감면시켰다. 그리하여 1940년 8월 『동아일보』 · 『조선일보』가 폐간당하고, 1941년 4월과 5월에는 『문장』 · 『사해공론(四海公論)』 등 21종의 잡지가 폐간되었다. 조선어 내지는 조선 민족 말살을 위해 일본이 실시한 정책들을 정리하면 다음과 같다.

1. 조선어(한글) 교육 및 사용 금지
2. 한글로 된 신문 및 잡지 폐간: 조선일보, 동아일보 폐간
3. 조선어 학자 박해: 조선어학회 사건
4. 황국신민서사 암송 및 신사참배 강요
5. 창씨개명: 일본식 이름을 쓰도록 함
6. 내선일체와 일선동조론 세뇌: 일본과 조선은 같다, 일본과 조선의 조상은 같다는 의식 강요

창씨개명(創氏改名)

창씨개명이란 1940년 2월부터 1945년 8월 광복 직전까지 일제가 조선인에게 일본식 성씨와 이름을 사용하도록 강요한 것을 말한다.

1939년 11월 10일, 조선총독부는 '조선민사령(朝鮮民事令)'을 개정(제령 제19호)하여 조선인은 1940년 2월 11일부터 8월 10일까지 창씨개명을 하도록 하였다. 이 개정령의 핵심 내용은 "6개월 이내에 호주가 조선식 성명제(姓名制)를 폐지하고, 일본식 성씨(姓氏)를 정하여 신고할 것"이었다. 이 영이 시행되자 일부 친일파들은 자발적으로 창씨개명에 응했으나 시한의 절반인 3개월이 지난 1940년 5월까지 창씨신고 가구 수가 7.6%에 불과하자, 조선총독부는 조선인이 응하지 않을 수 없는 악랄한 강제 수단을 동원해 창씨개명의 비율을 79.3%로 끌어올렸다. 이때 조선총독부가 사용한 강제 사항은 다음과 같았다.

1. 창씨(創氏)를 하지 않은 사람의 자녀에 대해서는 각급 학교의 입학과 진학을 거부한다.
2. 아동들을 이유없이 질책 · 구타하여 아동들의 애원으로 부모들의 창씨를 강제한다.
3. 창씨를 하지 않은 사람은 공 · 사 기관에 채용하지 않으며 현직자도 점차 해고 조치를 취한다.
4. 행정기관에서는 창씨를 하지 않은 사람의 모든 민원 사무를 취급하지 않는다.
5. 창씨를 하지 않은 사람은 비국민 · 불령선인으로 단정하여 경찰 수첩에 기입해 사찰을 철저히 한다.

6. 창씨를 하지 않은 사람은 우선적인 노무 징용 대상자로 지명한다.
7. 창씨를 하지 않은 사람은 식량 및 물자의 배급 대상에서 제외한다.
8. 철도 수송 화물의 명패에 조선식 씨명이 쓰여진 것은 취급하지 않는다.

한국인들은 성(姓)으로 집안을 표시하고, 이름의 두 글자 중 한 글자로 집안에서의 위치를 표시하여 자신의 가계와 족보를 짐작할 수 있게 한다. 일제는 이러한 이름 표기 방식을 일본식으로 고쳐 한국인의 전통적인 사고방식 자체를 없애려고 한 것이다. 1945년 8월 일제의 패망과 함께 조선인들은 일본식 씨(氏)로부터 해방되었다. 1946년 한반도에 주둔해 있던 미 군정과 소련 군정이 '조선 성명 복구' 조치를 취함으로써 창씨개명했던 조선인들은 본래의 성명을 회복하게 되었다.

조선어학회 사건

민족을 말살하기 위한 가장 효과적인 방법은 그 민족이 사용하고 있는 언어와 문자를 없애는 것이다. 일본은 '조선어교육령'으로 조선어 교육을 한편으로 줄이거나 차단하고, 다른 한편으로 조선어 사용 금지를 점차 확산시켰다. 그뿐 아니라 조선어를 연구하는 학자들에 대한 박해도 심했는데 이에 대해 간략하게 살펴보기로 한다.

일본의 침략이 본격화되는 1900년을 전후한 시기에 주시경을 중심으로 한글 연구가 확대되었다. 일제 강점기에 들어서서는 민족의 혼을 지켜야 한다는 정신을 바탕으로 더욱 발전하면서, 1921년 12월에는 조선어연구회가 창립되어 한글 연구를 꾸준히 해나갔다. 1929년 10월에

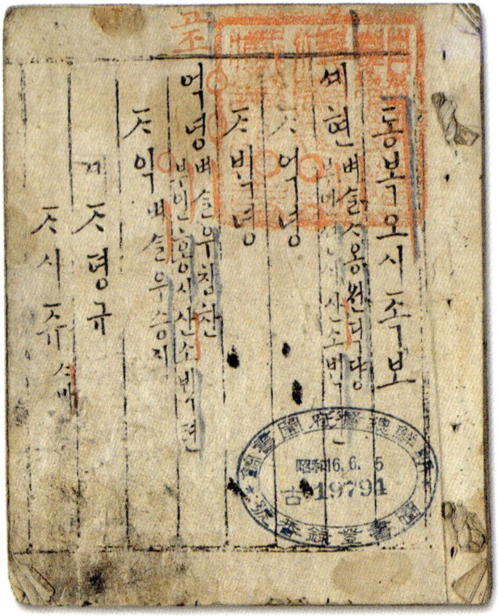

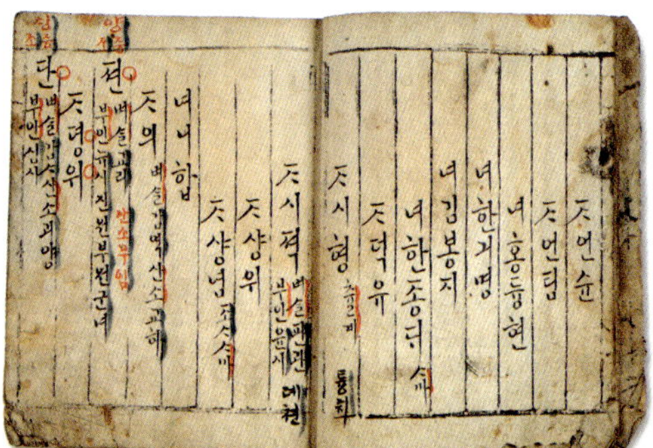

동복 오씨 한글 족보

는 조선어사전편찬회가 조직되었고, 사전 편찬을 위한 연구로 「한글맞춤법통일안」·「표준어사정」·「외래어 표기」 등 국어의 제반 규칙을 연구 정리하였다. 이러한 연구 결과는 바로 민족정신을 유지하고 보급하는 교육 운동으로 이어졌다.

이렇듯 일제 시대의 우리말 연구는 우리 민족의 정신과 언어를 지켜가는 운동과 맥을 같이했기 때문에 일제 말기에 들어서면 우리말 연구자를 탄압하고 우리말을 사용하지 못하게 하는 강압 정책이 펼쳐진다. 1936년 일제는 '조선사상범보호관찰령'을 공포하고 1937년에는 수양동우회(修養同友會) 회원을, 1938년에는 흥업구락부(興業俱樂部) 회원들을 검거하였다. 1941년에는 '조선사상범 예방 구금령(拘禁令)'을 공표하여 민족운동이나 민족계몽운동을 하는 한국인을 마음대로 구속할 수 있게 하였다.

이러한 일제의 민족 말살 정책에 맞서 우리말과 글을 지키기 위해 필사의 노력을 다했던 조선어학회 회원 및 관련 인물들을 1942년 10월부터 검거해 재판에 회부하는 '조선어학회 사건'이 발생한다. 그 내용을 『한국민족문화대백과』에서 옮기면 다음과 같다.

> 이러한 시대적 배경 속에서 함흥영생고등여학교(咸興永生高等女學校) 학생 박영옥(朴英玉)이 기차 안에서 친구들과 한국말로 대화하다가 조선인 경찰관인 야스다(安田稔, 安正默)에게 발각되어 취조를 받게 된 사건이 벌어졌다.
>
> 일본 경찰은 취조 결과 여학생들에게 민족주의 감화를 준 사람이 서울에서 사전 편찬을 하고 있는 정태진(丁泰鎭)임을 파악하였다. 같은 해 9월 5일에 정태진을 연행, 취조해 조선어학회가 민족주의 단체로서

독립운동을 목적으로 하고 있다는 억지 자백을 받아냈다.

이로써 일제는 3 · 1운동 후 부활한 한글 운동을 폐지하고, 조선 민족 노예화에 방해가 되는 단체를 해산시키고, 나아가 조선 최고의 지식인들을 모두 검거할 수 있는 꼬투리를 잡게 되었다.

같은 해 10월 1일, 첫 번째로 이중화(李重華) · 장지영(張志暎) · 최현배(崔鉉培) 등 11명이 서울에서 구속되어 다음날 함경남도 홍원으로 압송되었다. 이를 시작으로 하여 잇따라 조선어학회에 관련된 사람이 검거되어, 1943년 4월 1일까지 모두 33명이 검거되었다. 그리고 이 때 증인으로 불려나와 혹독한 취조를 받은 사람도 48명이나 되었다.

사건을 취조한 홍원경찰서에서는 사전 편찬에 직접 가담했거나 재정적 보조를 한 사람들 및 기타 협력한 33명을 모두 '치안유지법'의 내란죄로 몰았다.

이극로(李克魯) · 이윤재(李允宰) · 최현배 · 이희승(李熙昇) · 정인승(鄭寅承) · 김윤경(金允經) · 김양수(金良洙) · 김도연(金度演) · 이우식(李祐植) · 이중화 · 김법린(金法麟) · 이인(李仁) · 한징(韓澄) · 정열모(鄭烈模) · 장지영 · 장현식(張鉉植) · 이만규(李萬珪) · 이강래(李康來) · 김선기(金善琪) · 정인섭(鄭寅燮) · 이병기(李秉岐) · 이은상(李殷相) · 서민호(徐珉濠) · 정태진 등 24명은 기소, 신윤국(申允局) · 김종철(金鍾哲) · 이석린(李錫麟) · 권승욱(權承昱) · 서승효(徐承孝) · 윤병호(尹炳浩) 등 6명은 기소유예, 안재홍(安在鴻)은 불기소, 권덕규(權悳奎) · 안호상(安浩相)은 기소중지하자는 의견서를 담당 검사에게 제출하였다.

검사에 의해 이극로 · 이윤재 · 최현배 · 이희승 · 정인승 · 정태진 · 김양수 · 김도연 · 이우식 · 이중화 · 김법린 · 이인 · 한징 · 정열모 · 장지영 · 장현식 등 16명은 기소, 12명은 기소유예되었다. 기소자는 예심에 회부되고 나머지는 석방되었다. 기소된 사람은 함흥형무소 미결감에 수감되었다. 같은 해 12월 8일에 이윤재가, 1944년 2월 22일에는 한징이 옥중에서 사망하고, 장지영 · 정열모 두 사람이 공소 소멸로 석방되어 공판에 넘어간 사람은 12명이었다.

이들에게는 "고유 언어는 민족의식을 양성하는 것이므로 조선어학회의 사전 편찬은 조선 민족정신을 유지하는 민족운동의 형태다……"라는 함흥지방재판소의 예심 종결 결정문에 따라 '치안유지법'의 내란죄가 적용되었다. 이들에 대한 함흥지방재판소의 재판은 1944년 12월부터 1945년 1월까지 9회에 걸쳐 계속되었다. 이극로 징역 6년, 최현배 징역 4년, 이희승 징역 2년 6개월, 정인승 · 정태진 징역 2년, 김법린 · 이중화 · 이우식 · 김양수 · 김도연 · 이인 징역 2년 집행유예 3년, 장현식 무죄가 각각 언도되었다.

이에 집행유예와 무죄선고를 받은 사람은 석방되었다. 실형을 받은 사람 중 정태진은 복역을 마치는 것이 오히려 상고보다 빠르다 하여 복역을 마치고 1945년 7월 1일 출옥하였다.

이극로 · 최현배 · 이희승 · 정인승 4명은 판결에 불복, 바로 상고했으나 같은 해 8월 13일자로 기각되었다. 그러나 이틀 뒤인 8월 15일 조국이 광복되자 8월 17일 풀려나왔다.

제5장 세계로 뻗어 가는 한글

해방 후 대한민국은 세계에서 그 유례를 찾아보기 힘들 만큼 급속도로 발전해 왔다. 해방 직후 전쟁을 겪으며 처절한 아픔을 경험한 대한민국은 그 후 비약적인 발전을 거듭하여 21세기 현재 세계 10위권 내외의 경제력을 갖추게 되어 소위 'Korean Dream' 이라는 말을 만들어 내고 있다.

최근 한류의 급속한 확산으로 지구 곳곳에서 한글을 배우려고 하는 외국인이 넘쳐나고 있다. 가히 한국어와 한글의 세계화라 할 정도인 것이다. 이러한 발전의 이면에는 우리 민족이 가장 과학적이고 체계적인 문자를 가지고 있기 때문인데 이를 기념하기 위해 현재 한글박물관을 구축 중에 있다.

1. 새로운 한국의 탄생
2. 한글박물관
3. 세계가 부러워하는 한글, 그 까닭은 무엇인가

기미독립선언문 한글 병풍 서강대학교박물관 소장

1. 새로운 한국의 탄생

1945년 제2차 세계대전이 끝남과 동시에 식민지에서 해방된 대한민국은 1948년 남북이 분단된 채 정부를 수립하였다. 1950년에 접어들어 대략 3년간 전쟁을 치른 한국은 당시 세계에서 가장 가난한 나라 중의 하나였다. 그러나 1960년대 이후 현재까지 산업화와 민주화라는 두 마리 토끼를 잡은 한국은 국제사회에서 그 유례를 찾아볼 수 없을 정도로 급속한 성장을 계속하였다.

1972년 4조 원에(한국은행 통계에 의하면 42,411.00억 원) 불과하던 국민총생산은 10년 뒤인 1982년에는 13배가 넘는 56조 원(566,768.00억 원)을 넘어섰고, 40년 후인 2011년에는 대략 300배 가까이 되는 1,237조 원(12,371,282.00억 원)으로 늘어났다.

국민소득 역시 가히 기하급수적이라고 할 만큼 늘었다. 1970년대 10년간 국민총소득은 대략 11배가량 증가하였고, 그 후 1980년대에는 4배, 1990년대에는 대략 3배, 2000년대의 10년간에는 2배 정도 늘었다. 그리하여 최근 40년간 국민총소득은 400배 가까이 증가하는 성장세를 보였다.

자원이 풍부하지 못해 경제 성장의 상당 부분을 국제무역에 의존해야 하는 한국은 국제무역의 규모도 획기적으로 늘어났다. 1980년부터

2009년까지 30년 동안 수출은 22배, 수입은 14배 정도 늘었다. 그리하여 만성 적자였던 무역수지가 1986년에 흑자로 돌아선 이래 1980년대 후반까지 흑자를 유지하다가 1990년대에 접어들면서 중반까지는 다시 적자로 돌아섰다가 1998년부터 현재까지 계속 흑자를 유지하고 있다.

2011년에 이르러 무역 규모가 1조 달러를 돌파하였고, 2012년에도 무역 규모는 1조 달러를 넘어섰으며, 2012년 한 해에 286억 달러의 흑자를 냈다. 그 결과 1970년에 5억8천만 달러였던 외환보유액이(한국은행 통계에 의하면 583,521,000달러) 2012년 현재 3,000억 달러를 넘어섰다(한국은행 통계에 의하면 316,897,731,000달러). 대략 40년 동안 무려 1,000배가 넘는 성장을 한 것이다. 그 결과 2002년 13위로 올라섰던 한국 무역의 규모는 10년만에 8위로 올라서는 급성장을 계속하고 있다.

* 무역 규모의 세계 순위 변화

('02년) 13위 → ('03년) 12위 → ('07년) 11위 → ('09년) 10위 → ('10년) 9위 → ('12년) 8위

대외적 세계화

재외 동포의 확산

국가의 위상 변화와 함께 한국인의 해외 이민이 줄어드는 대신 해외 동포는 지속적으로 늘어나고 있다. 2009년에 680여 만 명이던 재외 동포는 2011년에 720여 만 명으로 늘어났으며, 중국과 일본 그리고 꿈

의 나라였던 미국을 넘어서서 아시아 · 아프리카 · 유럽 등 지구상 어디든 한국인이 없는 나라가 없을 정도이다. 적게는 1명에서부터(아시아의 키리바스의 경우) 많게는 270만 명에 이르기까지(중국의 경우) 다양한 지역에서 살고 있으며, 이들은 서로 협조해 가면서 한인회 · 상공인회 · 유학생회 등의 단체를 만들어(외교통상부 자료에 의하면 2,989개의 단체가 있음) 다양한 공동 생활을 영위하고 있다. 아프리카에도 57개의 단체가 있는데 그중 탄자니아에만 5개가 있다.

재외 동포가 가장 많은 지역은 중국과 일본인데, 일본에는 영주권자가 많고 중국에는 시민권자가 많은 것이 특색이다. 이 두 나라를 제외한 나머지 아시아와 오세아니아 지역 32개국에 적게는 1명, 많게는 10만 명 넘게 거주하며 전체적으로 461,127명이 거주하고 있다. 유럽의 경우 52개국에 656,707명의 재외 동포가 살고, 중동 지역에는 19개국에 16,302명의 재외 국민이 살고 있다. 아프리카에도 42개의 나라에 11,072명이 활동하고 있다.

외국에서 한국어 교육의 확산

미국에는 한국 교포들을 중심으로 1,000여 곳의 주말 한글학교가 운영되고 있다. 또한 수십 개의 중등학교에서 한국어를 외국어로 가르치고, 한국어 강좌를 설립한 대학도 그 수를 헤아리기 힘들 정도이다. 이러한 사정에 힘입어 미국 대학 입시에 한국어가 채택되고, 고등학교와 대학간 학점 연계제를 실현하여 고등학교에서 고급 한국어를 확산시키기 위해 미국의 한국어진흥재단이 힘쓰고 있다.

중국과 일본에서의 한국어 열풍도 가히 폭발적이다. 중국에서 한국어를(조선어과 등 학과 이름 무관) 가르치고 있는 대학은 한 · 중 수교

이전에는 북경대학 · 대외경제무역대학 · 낙양외국어대학 · 북경제2외국어대학 · 연변대학 등 5개 대학이었는데, 2011년 현재 200개 대학을 넘어서고 있다. 200명 이상의 대학교수가 회원인 학회가 매년 열리고, 한국어 교육과 학습의 단계를 넘어서서 한국어를 연구하는 단계에 진입하고 있는 실정이다. 일본에서도 (조선어와 한국어 사이에 미묘한 관계가 있지만) 한국어를 배우고자 하는 사람들이 늘어나고 있다는 사실은, NHK에서 한국어 교육 방송을 하고 이에 관한 방송 교재가 많은 판매 부수를 기록했다는 사실이 증명해 준다.

동남아에서의 한국어 교육 역시 폭발적으로 증가하고 있는 추세다. 필리핀 · 태국 · 인도네시아 · 말레이시아 · 베트남 등 중요 동남아 국가에서는 예외없이 한국어과가 대학에 개설되어 있으며, 교포 자녀들을 위한 한글학교도 성황리에 운영되고 있다. 지구상 곳곳에서 한국어가 확산되고 있는 이러한 긍정적인 현상이 계속 이어진다면, 한국어는 미래에 또 하나의 세계 국제어로서의 위치를 차지하게 될 것이다.

한국어세계화재단과 세종학당

지난 20세기 후반기부터 외국에서 혹은 한국에 유학을 와서 한국어를 배우고자 하는 열풍이 일기 시작하였다. 이러한 열풍에 효과적으로 대응하기 위해 2001년 1월 13일 문화체육관광부 소관으로 민간인들이 힘을 모아 '한국어세계화재단'이라는 민간 재단법인을 설립하였다. 이 재단의 주요 사업은 그 홈페이지에 다음과 같이 명시되어 있다.

국내외의 한국어 진흥 및 보급에 관한 사업
외국인을 대상으로 한 한국어 교육에 관한 사업

한국어 진흥에 관한 조사 연구

한국어 진흥을 위한 수탁 사업

민간 기구로서 한국어의 세계화와 관련된 일을 해오던 한국어세계화재단은 10여 년에 걸친 사명을 다하고, 2012년 그 업무를 법적인 기구인 '세종학당재단'에 넘겼다. 세종학당재단은 세종학당(King Sejong Institute)에 관련된 업무를 맡기 위해 설립된 법적인 기구인데, 세종학당은 외국어 또는 제2언어로 한국어를 배우고자 하는 사람을 대상으로 한국어와 한국 문화를 알리고 교육하는 기관이다. 세종학당 운영은 2008년에 국립국어원에서 시작했으나 현재는 문화체육관광부에서 관리를 맡고 있으며, 2012년 현재 43개의 나라에 90개소의 세종학당을 지정하여 지원하고 있다. 한글과 한국어 그리고 한국 문화

필리핀 세종학당 수련회

를 배우고자 하는 세계인들에게 기회를 제공하기 위해 운영되고 있는 것이다.

이렇게 세종학당을 개설하게 된 목적은 다음 세 가지이다.

1. 문화 상호주의에 입각한 문화 교류의 활성화
2. 외국인 또는 재외 국민에 대한 한국어 교육의 기회 제공
3. 한국어 교육을 위한 대표 브랜드의 육성과 확산

대내적 세계화 – 한국적 다문화 사회의 형성

인류의 역사는 전쟁과 평화가 되풀이되고, 지배계층과 피지배계층의 투쟁이 반복되어 문화와 문화가 대립하고 갈등하면서, 새로 생성되어 부흥하다가 세월의 흐름과 더불어 소멸되는 과정이 거듭되는 것이라고 할 수 있다. 이러한 투쟁의 역사 속에 둘 이상의 문화가 공존하여 다문화 사회를 형성하는 경우가 있다면, 그러한 유형은 대체로 다음 세 가지 유형 중 하나일 것이다.

1. 미국식 다문화: 새로운 땅에 다수의 민족이 이주하여 '초기 주도 민족 + 후발 참여 민족'의 관계가 형성된 사회
2. 중국식 다문화: 국가 영역의 확대로 '주도 민족 + 소수 변방 민족'의 관계가 형성되어 있는 사회
3. 유럽식 다문화: 기계 문명이 발달된 사회에 다른 민족의 노동자가 이주하여 '기존의 질서 + 이주민의 질서'가 형성된 사회

그런데 한국 사회는 지금까지 존재하는 것과는 전혀 다른 차원의 다문화 사회가 형성되어 있다.

4. 한국식 다문화: 이주한 노동자, 이주한 국제결혼자, 국제결혼한 자의 2세 등이 복잡하게 얽힌 다문화 사회

이주민의 구성

인구 5,000만 명이 넘어선 2011년 현재 이주민의 비율은 전체 인구의 2.5%이고, 그중 한국 국적을 취득한 사람은 111,110명이다.

국제결혼의 증감

한국인이 외국인과 결혼하는 비율은 20세기 말부터 급속도로 증가하다가 전체 결혼 건수의 13.5%가 된 2005년을 정점으로 조금씩 줄어들기 시작했는데, 2011년 현재도 전체 결혼 건수의 9%에 이르고 있다. 내용으로는 외국 여자가 한국 남자와 결혼하여 한국에 이주하는 경우가 절대적으로 많다.

외국인의 국적

한국 남자와 결혼한 외국 여성의 국적은 중국이 가장 많은 비율을 차지했으나 계속 감소세를 보이는 반면, 베트남 여성은 꾸준히 늘어 2011년에는 가장 높은 비율을 차지하고 있다. 두 나라의 비율을 합치면 68.2%가 된다. 한편 한국 여성과 결혼한 외국 남자는 중국 · 일본 · 미국이 비슷한 비율인데 이 세 나라를 합치면 69.5%가 된다.

국어 정책의 개발

영어의 세계 공용어화 시대에 접어든 21세기에는 영어와 인구의 절대적 다수를 차지하는 몇몇 언어를 제외하면 실존의 위협을 당하는 시대가 되었다. 이러한 시대적 상황과 관련하여 현재의 한국어는 다음과 같은 특수한 상황을 맞고 있다.

첫째, 국내적으로는 영어의 확산으로 학문적인 활동 외에 일상적인 언어 생활에서도 그 영역이 줄어드는 위기 상황을 맞고 있다.
둘째, 국외적으로는 한국의 비약적인 경제성장에 발맞추어 중국과 일본 · 동남아 등지에서 한국어를 배우고자 하는 전대미문의 붐을 맞이하고 있다.
셋째, 한국은 지구상 어디에도 찾아볼 수 없는 한국적 다문화 시대에 접어들고 있다.
넷째, 산업화와 상업화 속에서 언어를 포함한 인문학은 그 순수성만으로는 존재가 위협당하는 상황이 되었다.

이러한 상황을 극복하기 위해 국립국어원에서는 다음과 같이 정책 개발을 위한 준비를 하고 있다.

> 언어 정책의 개발과 정책 수행 환경 조성을 위해 국어기본법에 규정된 국어 발전 계획 수립, 국어 심의회 운영, 국어책임관 제도 운영 등의 사업과 세계 언어정책 기관과의 교류, 남북 언어 교류 사업을 추진하고 있다.

2005년 제정된 국어기본법에 따라 2006년에 국어 발전 기본 계획을 수립하였다. 앞으로 2년마다 국어의 발전과 보전에 관한 시책 및 그 시행 결과에 관한 보고서를 국회에 제출하게 된다.

또한 5년 단위로 새로운 국어 발전 기본 계획을 수립하게 된다.

국어기본법에서는 국가기관 및 지방자치단체에 국어의 발전 및 보전을 위한 업무를 총괄하는 국어책임관을 둘 수 있도록 규정하였다. 이에 따라 국가기관과 지방자치단체에는 국어책임관이 지정되어 있으며 국립국어원에서는 매년 국어능력향상정책협의회와 국어책임관회의를 개최하여 국가기관과 지방자치단체에서 국어의 발전을 위한 여러 정책이 추진될 수 있는 환경을 조성하려고 노력하고 있다. 또한 실제로 시행하면서 제기되는 문제점을 중심으로 하여 국어기본법 개정을 위한 준비를 하고 있으며, 2007년에는 국어기본법 개정을 위한 소위원회를 3차례 개최한 바 있다. 현재까지 중앙행정기관 54개, 중앙행정기관의 소속 기관 163개, 광역지방자치단체 16, 기초지방자치단체 226개 등 459개 기관에 국어책임관이 지정되어 있다.

국립국어원에서는 세계 언어정책 기관의 동향을 파악하고 정책 기관 간 국제 교류를 추진하는 사업도 꾸준히 추진하고 있다. 세계 언어정책 기관에 대한 조사를 수행하였으며 2004년 이후 일본국립국어연구소와 꾸준히 서로 직원을 초청하여 상호 이해의 폭을 넓히고 있다.

또한 통일을 대비하여 남북의 언어 교류도 꾸준히 추진하고 있다. 매년 남북의 언어학자가 참가하는 국제학술대회가 개최될 수 있도록 추진하고 있으며 남북의 언어 동질성 회복을 위한 여러 사업을 모색하고 있다. (국립국어원 2007년 사업 소개)

디지털 한글박물관 http://www.hangeulmuseum.org/

2. 한글박물관

디지털 한글박물관

디지털 한글박물관(http://www.hangeulmuseum.org)은 현실 세계에 공간을 가진 한글박물관을 건립하기 이전인 2001년에 한국어세계화재단(세종학당재단 전신)에서 한국어의 세계화를 위해 한글로 된 자료를 구축하기 위한 사업으로 시작하였다. 2002년에 역사관과 조형예술관을 개관한 이래 2013년 현재 '한글의 탄생과 역사', '아름다운 한글', '생활 속 한글', '한글과 교육', '한글의 진화와 미래', '특별기획전', '우리말 게임', '학술 정보관' 등 8개의 하부 사이버 공간을 운영하고 있다.

'한글의 탄생과 역사관'에서는 한글(훈민정음)의 창제와 발전 그리고 우리 민족의 문자 생활사를 다루고 있으며, 세계 문자의 역사에 대한 정보도 제공하고 있다. '아름다운 한글관'에서는 한글의 조형성과 글꼴에 대한 정보를 제공하고 실질적인 글꼴의 보기도 제공한다. 아울러 한글 타이포 그래피와 세계 문자의 조형 예술 그리고 한글로 만든 그림 등에 대해서도 정보를 제공한다. '생활 속 한글관'에서는 의식주 생활과 관련하여 한글이 어떻게 활용되었는가, 우리 민족의 생활 문화에서 한글이 어떻게 활용되었는가 등등을 보여 주고 있다. '한글과 교육관'에서는 한글 자체에 대한 이해와 발전 운동에 대한 이해를 시작으로, 국어 교과서의 변천과 국어 교육 과정의 변천, 그리고 교육 자료에 대한 정보를 제공한다. 그리고 한글맞춤법, 표준어 규정, 외래어 표기법, 로마자 표기법 등 국어 어문 규정에 대해서도 소개한다. '한글의 진화와 미래관'에서는 한글의 기계화 · 정보화 · 세계화 등에 대해 다루고 북한의 정보화 및 규범 그리고 순화 운동 등에 대한 정보를 제공한다. '특별기획전'에서는 2006년부터 특별한 주제를 정해 그와 관련된 자료를 정리하여 제공하고 있다. '우리말 게임관'에서는 한글 수비대, 한글 퀴즈 등 6개의 우리말 게임이 제공되고 있다.

디지털 한글박물관의 8개의 하위 공간 중 가장 핵심적인 정보를 담고 있는 곳이 '학술 정보관'이라고 할 수 있다. 여기에는 '문헌 자료와 해제, 한글 자료 목록, 한글 문헌 통합 정보, 옛 문헌 한자어' 등이 하위 분류로 제공되고 있는데, 한글로 표기된 옛 문헌들을 사진으로 촬영하여 그 해제를 이미지와 함께 제공하고 있다. 특히 문헌에 대한 해제를 전문가 참고용과 일반인 참고용으로 구분하여 제공하고 있어서 사용자의 필요에 따라 한글 문헌에 대한 정보를 영상물과 함께 볼 수 있다.

국립한글박물관

한글박물관의 구축은 20세기 말과 21세기 현재 우리나라가 비약적인 발전을 계속하여 세계 무역 규모나 한국어의 세계화 등에서 세계 10위권 내외를 넘나들고 있는 결과의 소산이다. 20세기 말에 '디지털 한글박물관'을 구상할 당시는 '한글박물관'을 구축할 공간과 예산 확

국립한글박물관

보가 현실적으로 불가능하다고 판단했다. 이제 한국의 국제적인 위치와 경제력은 '한글박물관'을 현실 공간에 구축할 수 있게 하였다. 국가 예산을 확보하고 국립중앙박물관의 한 모퉁이에 공간을 확보하고, 문화체육관광부 내에 한글박물관을 구축하기 위한 TF를 구성하여 '국립한글박물관' 의 준공을 기념하는 학술대회를 개최하고, 2014년 10월에 개관하기 위한 준비를 착실히 하고 있다.

한글의 발명은 인류의 문자사를 새로 쓰게 한 인류사의 사건이었다. 훈민정음은 문자와 관련하여 인류가 가지고 있는 유일한 보물이므로 한글박물관이 이에 걸맞기 위해서는 '문자에 관한 세계 최대, 최고의 박물관'이 되어야 한다.

세계 최대의 박물관이 되기 위해서는 우선 한글과 관련된 모든 자료를 구축하는 박물관이 되어야 할 것이다. 그리고 이를 바탕으로 세계의 문자와 관련된 모든 것을 모을 수 있고 이를 전시할 수 있는 공간도 확보해야 한다. 우선적으로 국내에 문자와 관련 있는 자료를 확보하고 이를 제대로 보여 주어야 하는데, 예를 들면, 울주군에 있는 그림문자의 흔적은 그 크기와 모양이 그대로 복원되어 한글박물관의 한쪽에 위치해야 한다. 이를 시작으로 세계 도처에 있는 옛 문자의 모양, 이에 의해 작성된 비석과 서적 등이 한글박물관에 비치되어야 한다. 한두 가지 예를 들면 가장 오래된 문자의 하나인 이집트 문자가 새겨진 비석이나 신전 등은 그 모양과 크기 그대로 현대의 3D 기술을 응용하여 한글박물관에서 볼 수 있어야 하고, 인도 문자의 통일과 관련된 아쇼카 왕의 비문과 문자의 전파 과정도 한글박물관에서 볼 수 있어야 한다. 다시 말해 세계의 문자와 관련된 모든 것이 한글박물관에서 재구성되어야 한다.

세계 최고의 박물관이 되기 위해서는 첫째, 문자 발달사와 관련하여 생겼다 없어진 모든 문자에 대한 설명과 해독이 한글박물관에서 이루어져야 한다. 둘째, 문자의 모양과 미적 기능 그리고 인간의 정신생활이 밀접한 관련이 있다는 것을 학술적으로 정립하고 이를 바탕으로 환경 미학적인 차원에서 문자의 시각적인 기능을 재조명해야 한다. 이것이 인간 생활의 조화와 안정에 관여한다는 것을 밝히고, 이와 관련된 시험적인 구축물이 한글박물관에 있어야 할 것이다. 셋째, 문자의 발달이 인간의 미래상과 직접 관련있고, 이와 관련된 산업의 발달이 인간의 미래를 결정하게 될 것이라는 미래학이 한글박물관에서 나와야 할 것이다. 다시 말해 한글박물관에서는 문자의 발달과 관련된 인류의 과거, 문자의 기능과 관련된 인류의 현재, 그리고 과학기술의 발전과 관련된 인류의 미래상이 조화를 이루어야 하는 것이다.

한국의 발전은 상당 부분 한글의 우수성에 기인한다. 한국이 단기간에 세계 최빈국에서 세계 10위권 내외의 경제대국으로 부상하게 된 데에는 한국의 IT산업이 큰 역할을 하였다. IT산업의 발전에는 한글이 결정적인 역할을 했다는 사실을 누구도 부인할 수 없다. 컴퓨터와 모바일 등의 발전에서 사용자 측면에서 생기는 효용성과 편리함은 모두 한글 자모의 조직성과 체계성 등과 관련이 있는데, 이러한 것들은 모두 한글 창제의 과학성에 근거를 두고 있는 것이다.

세계에서 유일무이한 한글의 과학성과 체계성은 앞으로도 지속적인 영향을 미치면서 더욱더 발전하게 될 터인데 미래 IT산업의 발전 방향이나 모습 등이 한글박물관에서 그대로 구현되고, 새로운 가능성을 위해 끊임없이 도전하는 장의 구실도 해야 할 것이다.

3. 세계가 부러워하는 한글, 그 까닭은 무엇인가?

21세기 현재, 지구상에는 수많은 문자가 사용되고 있는데, 이중 널리 쓰이고 있는 문자는 로마 문자와 키릴 문자이다. 아랍과 인도 그리고 동남아시아 등지에서도 독자적인 문자가 사용되고 있다. 그러나 유네스코에서 한글의 우수성을 인정하여 1990년부터 문맹 퇴치에 공헌한 이들에게 수여하는 상의 이름을 세종문맹퇴치상(King Sejong Literacy Prize)이라 하고, 세계적인 언어학자 맥콜리(J. McCawley) 교수는 20여 년 동안이나 한글날을 손수 기념하고 있다.

세계적인 문자학자인 영국의 샘슨(G. Sampson) 교수는 "한글이 과학적으로 볼 때 세계에서 가장 훌륭한 글자라는 것은 의심의 여지가 없다"라고 하는 등 세계적인 학자들이 한글을 찬양하고 부러워하고 있다. 그 이유는 무엇일까?

누가 언제 어떻게 만들었는지 아는 유일한 문자이기 때문이다

한글(만들 당시의 이름은 '훈민정음'이었다)은 조선의 제4대 임금인 세종이 재위 25년 12월에 인류의 역사상 최초로 창제하였다. 그리고 정인지 · 성삼문 등 당시 집현전 학사들을 시켜 훈민정음을 창제한 근거와 원리를 성리학적인 원리와 연관시켜 『훈민정음』이라는 책자를 만들게 해서 세종 28년 9월에 반포하였다.

세종은 인간이 내는 소리를 관찰하고 그 이치를 밝히는 동시에, 당시의 성리학적인 지식을 동원하여 훈민정음을 만들었다. 한국인이 외국어를 배우고, 외국인이 한국어를 배울 수 있는 것은 모든 인간이 비슷한 발음을 하고 생각하는 것도 비슷하기 때문이다. 인간은 기본적으로 입술과 혀를 이용해서 소리를 낸다. 아래쪽에 있는 입술과 혀를 움직여서 위에 있는 입술, 이, 잇몸, 앞쪽 입천장, 뒤쪽 입천장 등에 접근하여 소리를 만드는 것이다. 세종은 이것을 정확하게 관찰하여 글자를 만든 것이다.

문자의 모양으로 음가를 예측할 수 있기 때문이다

제자원리에 의해 문자를 보면 소리의 관계를 예측할 수 있다

초성 중 'ㅁ'의 소리는 두 입술이 붙어서 나기 때문에 이를 본따서 글자를 만들었다. 그리고 입술에서 소리가 나되 'ㅁ'보다 센 소리는 'ㅂ'으로 만들고, 이보다 센 소리는 획을 더하여 'ㅍ'을 만들었다. 혀가 위의 잇몸에 닿는 모양으로 'ㄴ'을 만들고, 이보다 더 세게 나는 소리는 여기에서 획을 더하여 'ㄷ'을 만들고, 이보다 더 센 소리는 또 획을 더하여 'ㅌ'을 만들었다. 혀의 뒷부분이 연구개에 닿는 모양으로 'ㄱ'을 만들고, 이보다 센 소리는 획을 더하여 'ㅋ'을 만들었다. 'ㅅ'은 이의 모양을 본뜬 것이다. 이 모양에서 소리에 따라 획을 더해 'ㅈ'과 'ㅊ'을 만들었다. 마지막으로 'ㅇ'은 목구멍의 둥근 모양을 본뜬 것이다. 이 모양에서 'ㆆ', 'ㅎ'을 만들었다.

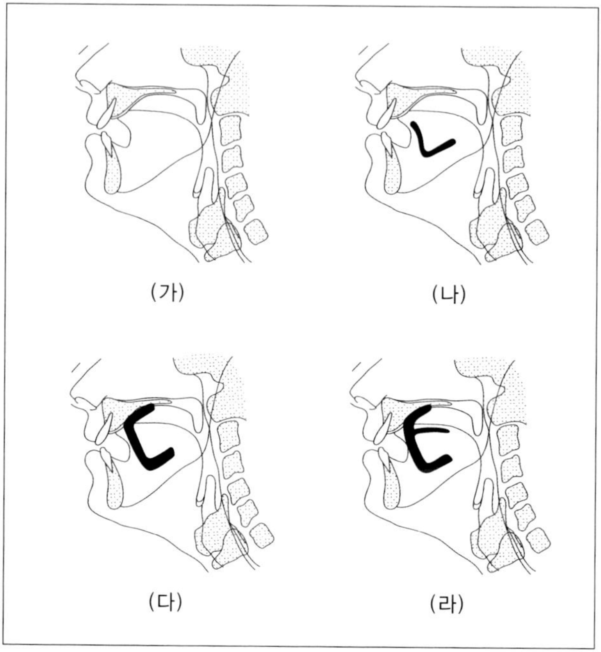

이러한 제자 원리 때문에 같은 모양을 공유하고 있으면 같은 위치에서 발음되고, 소리의 모양이 복잡하면 소리가 세게 나는 것이다. 'ㄴ, ㄷ, ㅌ'의 제자 과정을 보면 위의 그림과 같다.

모음은 기본적으로 하늘(·), 땅(ㅡ), 사람(ㅣ)을 상형한 것이다. 이 세 글자를 바탕으로 새로운 글자를 만들어 간다. 기본자 중 점의 형태인 '·'가 서 있는 모양인 'ㅣ'의 좌우에 결합하여 'ㅏ, ㅓ'를 만들고, 누워 있는 모양인 'ㅡ'의 아래 위에 결합하여 'ㅗ, ㅜ'가 된다. 여기에 다시 점을 하나씩 더하여 'ㅑ, ㅕ, ㅛ, ㅠ' 등이 만들어진다. 이와 달리 선을 한 번씩 더하여 만든 것이 'ㅐ, ㅔ, ㅚ, ㅟ'가 된다. 이렇게 이미 만들 글자들을 다시 조합하여 모음 글자들이 완성되는 것이다. 모음을 만드는 과정은 다음과 같이 나타낼 수 있다.

기본자의 제작	·	ㅡ	ㅣ	
점 하나 + 선 하나	ㅏ	ㅓ	ㅗ	ㅜ
점 둘 + 선 하나	ㅑ	ㅕ	ㅛ	ㅠ
점 하나 + 선 둘	ㅐ	ㅔ	ㅚ	ㅟ

세계 문자사를 새롭게 쓰게 했기 때문이다

인류가 만든 문자의 역사에서 한글 창제의 의의는 각별하다. 한글의 창제는 일차적으로 고유한 문자가 없던 우리 민족이 독자적인 문자를 가지게 되었다는 의미를 갖는다. 이차적으로는 인류 문자의 역사가 음소문자의 단계를 넘어 자질문자의 단계에 도달했다는 것을 의미한다. 즉 로마 문자나 키릴 문자(그리스 문자) 같은 음소문자의 단계를 넘어 자질문자를 인류가 가지게 되었다는 것이다. 마지막으로 훈민정음이라는 책은, 인류의 역사상 문자를 누가, 언제, 어떻게 만들었지를 기록해 놓은 유일한 것이다. 인류 역사상 문자 제자의 원리를 기록해 놓은 유일한 보물인 것이다.

에필로그

몇백 년 후 지구가 고도 산업사회에 접어들어 외계 생명체와도 활발히 교류하게 되었을 때, 지구의 대표를 선출해야 하는 상황을 맞이한다. 너도 나도 다 대표를 하려고 하자 무엇을 기준으로 대표를 선출할 것인가 하는 문제로 인류는 고민한다.

그때 어느 종족인가 제안하기를, "인류가 문명을 일으켜 만물의 영장으로 살고 있는 것은 '언어와 문자'가 있기 때문이다. 언어는 인류에게 보편적이고 천부적인 것이니까 문자로써 지구의 대표를 선출하자"고 한다. 이에 특별히 반대할 명분이 없기에 다들 동의한다.

첫 번째 기준은 "스스로 만든 문자를 사용하는 종족을 대표로 뽑자"는 것. 그러자 지구상 수천의 종족 중 단 두 종족만 남게 된다. 중국의 한족과 한국의 한족. 다시 두 번째 기준은 "사용하는 문자를 누가 언제 어떻게 만들었는지 설명할 수 있는 종족을 대표로 하자"는 것.

이에 한국인이 지구를 대표하는 종족이 되었다.

찾아보기

참고문헌

강신항, 『훈민정음 창제와 연구사』, 경진문화사, 2010
김민수, 『국어정책론』, 고려대학교출판부, 1973
남풍현, 『차자표기법연구』, 단국대학교출판부, 1981
이숭녕, 『신라시대의 표기법체계에 관한 시론』, 서울대학교론문집 2, 1955
박병채, 『한국문자발달사』, 한국문화사대계 5, 1967
박창원, 『훈민정음』, 신구문화사, 2005
———, 『한글박물관』, 책문, 2011
송철의, 『주시경의 언어이론과 표기법』, 서울대학교출판문화원, 2010
안병희, 『중세국어 구결의 연구』, 일지사, 1977
유창돈, 『언문지주해』, 신구문화사, 1958
이기문, 『국어표기법의 력사적 연구』, 한국연구원, 1963
———, 『훈몽자회연구』, 서울대학교출판부, 1971
이익섭, 『국어표기법연구』, 서울대학교출판부, 1992
이익섭 · 이상억 · 채완, 『한국의 언어』, 신구문화사, 1997
이희승, 「文字 이야기」, 『한글』 5 · 4, 1937
정광, 『한글과 파스파 문자』, 역락, 2012
최현배, 『한글갈』, 正音社, 1942 · 1961
홍윤표, 『한글이야기 1』, 태학사, 2013
———, 『한글이야기 2』, 태학사, 2013

Coulmas, Florian / Coulmas, *The Writing Systems of the World*, Wiley-Blackwell, 1991.
Gelb, I. J., *A Study of Writing*, The Univ. Chicago Press, 1952
Sampson, G., *Writing Systems*, Stanford University Press, 1985
Vachek, J., *Written Language*, Mouton, 1973
Daniels P. T. & Bright W. ed., *The World's Writing System*, Oxford, 1996

박 창 원

경남 고성 출생
서울대학교에서 학사 · 석사 · 박사학위 받음
경남대학교 · 인하대학교를 거쳐 현재 이화여자대학교 교수로 재직
국립국어연구원 어문규범연구부장, 한국어세계화재단 운영이사,
문화체육관광부 국어심의위원, 전국국어문화원연합회 회장 역임
2014년 현재 국어학회 회장, 한국어문학학술단체연합회 공동대표

저서
『중세국어 자음 연구』(1996)
『언어와 여성의 사회적 위치』(1999)
『고대국어음운 1』(2002)
『국어음운 연구사 1』(2002)
『언어의 이론과 분석』(2002)
『남북의 언어와 한국어 교육』(2003)
『훈민정음』(2005)
『한 · 영 · 일 음운대비』(2006)
『한국어의 정비와 세계화 1』(2009)
『한글박물관』(2011)
『한국어의 표기와 발음』(2012)
이외에 음운론과 응용국어학에 관한 100여 편의 논문이 있다.

이화여자대학교출판부 기획 시리즈

'우리 문화의 뿌리를 찾아서'

1. 한국사 입문 신형식 지음
2. 전통 한복의 멋-노리개 이경자 지음
3. 한국의 지붕 · 선 임석재 지음
4. 한국의 창 · 문 임석재 지음
5. 한국의 돌 · 담 · 길 임석재 지음
6. 한국의 전통 공간 임석재 지음
7. 한국의 꽃살 · 기둥 · 누각 임석재 지음
8. 우리춤 김말복 지음
9. 한국 고전여성작가의 시세계 이혜순 지음
10. 한국의 탈춤 조동일 지음
11. 한국의 전통 교육 최완기 지음
12. 한국의 풍속 : 민간 신앙 최준식 지음
13. 한국의 전통 사회 : 화폐 원유한 지음
14. 한국의 전통 공예 : 도기 나선화 지음
15. 한국의 전통 선박-한선(韓船) 최완기 지음
16. 한국의 여행 문학 김태준 지음
17. 한국의 전통 사회 : 시장 정승모 지음
18. 한국의 전통 공예 : 소반 배만실 지음
19. 조선 상류 주택의 내부 공간과 가구 최상헌 지음
20. 한국의 전통 사회 : 운송 기구 최운식 지음
21. 한국의 종교 : 불교 최준식 지음
22. 한국의 전통 과학 : 천문학 박창범 지음
23. 한국의 전통 무예 : 18기 최복규 지음
24. 한국의 풍속 : 잔치 윤서석 지음
25. 한국의 전통 마을 오홍석 지음
26. 한국의 전통 시가 김대행 지음
27. 한국의 전통 회화 홍선표 지음
28. 한국의 음식 : 김치 김숙희 지음
29. 한국의 족보(族譜) 정승모 지음
30. 한국의 문자 : 한글 박창원 지음

한국의 문자 한글

펴낸날 1판 1쇄 2014년 9월 10일 _ **지은이** 박창원 _ **펴낸이** 김훈순 _ **펴낸곳** 이화여자대학교출판부
주소 서울특별시 서대문구 대현동 이화여대길 52 (120-750) _ **등록** 1954년 7월 6일 제9-61호
전화 02-3277-2965(편집) 02-362-6076(마케팅) _ **팩스** 02-312-4312
e-mail press@ewha.ac.kr _ **홈페이지** www.ewhapress.com
책임편집 정경임 _ **디자인** GNA Communications _ **찍은곳** 한영문화사

ISBN 979-11-85909-03-5 04710
ISBN 978-89-7300-602-1 (세트)
값 12,000원